POLARIS

LAURA MALINA SEILER

SCHÖN, DASS ES DICH GIBT!

*Wie du mit deinem
Geschenk für die Welt
ein außergewöhnliches
Leben schaffst*

ROWOHLT POLARIS

4. Auflage Dezember 2018

Originalausgabe
Veröffentlicht im Rowohlt Taschenbuch Verlag,
Reinbek bei Hamburg, Dezember 2018
Copyright © 2018 by Rowohlt Verlag GmbH,
Reinbek bei Hamburg
Illustrationen Paulina Merta, www.paulinamerta.com
Umschlaggestaltung HAUPTMANN & KOMPANIE
Werbeagentur, Zürich
Umschlagabbildung Farina Deutschmann
Satz aus der Garamond, InDesign,
bei Dörlemann Satz, Lemförde
Druck und Bindung
CPI books GmbH, Leck, Germany
ISBN 978 3 499 60674 8

INHALT

Einleitung

Stell dir vor, du würdest morgen früh aufwachen und eine vollkommene Klarheit über dich, deine unendliche Schöpferkraft und deinen Weg hier auf dieser Welt haben. Alle Zweifel, Ängste und Sorgen wären wie weggeblasen, und du würdest dich in einem wundervollen Zustand von tiefem Vertrauen und purer Lebensfreude befinden. Stell dir vor, du würdest die Augen öffnen und das erste Mal in deinem Leben wirklich klar sehen können, welches Geschenk du für die Welt bist und welches Geschenk die Welt auch gleichzeitig für dich ist.

Auch wenn deinem Verstand ein solches Aufwachen vielleicht noch etwas unrealistisch erscheint, gibt es wahrscheinlich gleichzeitig eine Stimme in dir, für die dieser Zustand klingt wie endlich nach Hause kommen. Und genau das ist es. Es ist ein Nach-Hause-Kommen zu dir selbst, der Zugang zu deiner unendlichen Schöpferkraft und zu dem Mut, deinen eigenen authentischen Weg zu gehen, auch wenn das bedeutet, Risiken eingehen zu müssen, Altes zu beenden, loszulassen, Neues zu beginnen und dich selbst neu zu definieren. Der Deal, den wir alle eingehen, wenn wir uns entscheiden, hier auf diese Erde zu kommen, ist nicht, dass wir uns möglichst unauffällig und ohne irgendwelche Herausforderungen durch unser Leben mogeln. Der Deal ist, dass wir dieses unendlich wertvolle Leben als einzigartige Chance nutzen, um uns selbst als Schöpfer der eigenen Erfahrungen zu erkennen und unser Licht so hell wie möglich leuchten zu lassen. Der Deal ist, dass wir wahrhaft leben mit allem, was dazugehört. Ist das immer leicht? Nein. Ist es das wert? Auf jeden Fall.

Du bist absolut einzigartig auf dieser Welt. Kein anderer Mensch ist wie du. Niemand sieht aus wie du, niemand spricht wie du, aber was noch viel wichtiger ist: Niemand hat die einzigartige Zusammensetzung deiner Talente, deines Wissens, deiner Kreativität, deiner Träume, deiner Erfahrungen und deiner Geschichte. Es wäre ein riesiger Verlust für die Welt, wenn du diese Einzigartigkeit versuchen würdest zu verstecken, um nicht aufzufallen – oder dich schlimmstenfalls gar nicht erst auf die Suche nach ihr machst und glaubst, es wäre bloßer Zufall, dass du zu genau dieser Zeit dieses Leben lebst. Ich kann dir versichern: Das ist es nicht. In diesem Universum gibt es keine Zufälle. Alles hat seinen Platz. Auch du.

Aber auch nur du bestimmst die Tiefe und Weite deines eigenen Lebens. Du setzt die Grenzen oder öffnest die Türen für neue Möglichkeiten. Niemand anderes als du selbst kann dir die Erlaubnis geben, dein Leben wahrhaftig zu leben. Nur du selbst kannst die Entscheidung treffen, dein Licht leuchten zu lassen und dich der Welt zu zeigen.

Ich möchte dich mit diesem Buch an deinen Weg hier auf dieser Erde erinnern. Ich möchte dich daran erinnern, dass es völlig normal ist, Angst zu haben und zu zweifeln, aber dass du eine Kraft in dir trägst, die tausendmal stärker ist als jede Angst, jeder Zweifel. Diese Kraft ist Liebe.

KAPITEL 1

Hör auf dein Herz

———————

«Remember who you are. You are my son, and the
one true king. Remember who you are ...»
THE LION KING

> Schließ für einen Moment deine Augen, nimm einen tiefen Atemzug
> durch deine Nase, atme alle Luft wieder aus und bring jetzt deine
> gesamte Aufmerksamkeit für einen Moment in dein Herz.
> Spüre den gleichmäßigen Rhythmus von deinem Herzschlag. Ver-
> binde dich mit der Lebensenergie, die durch dich fließt.

Dein Herz schlägt über 100 000 Mal am Tag für dich. Es hat eine
klare Botschaft für dich. Die Botschaft deines Herzens lautet:
Lebe! Mit jedem Herzschlag sagt dein Herz dir: Lebe! Lebe ein außergewöhnliches Leben, lebe voller Mut, lebe voller Freude, lebe
voller Kraft, lebe als Ausdruck von Liebe, lebe als reiner Ausdruck
von mir.

Mit jedem neuen Herzschlag hofft dein Herz, dass du dich erinnerst, dass du dich an deine Einzigartigkeit erinnerst, dass du dich
daran erinnerst, dass du immer umgeben von Liebe bist und dass
du immer beschützt bist. Mit jedem neuen Herzschlag sagt dein
Herz zu dir: «Du brauchst keine Angst zu haben. Du musst nur
auf mich hören, höre auf meine Botschaft, höre darauf, was ich dir

mit jedem Herzschlag versuche zu sagen: Du bist ein Geschenk für diese Welt, du bist unendlich wertvoll und es gibt nichts, wovor du dich fürchten musst.»

Dein Herz ist das Zentrum deiner Lebensenergie. Es ist die Quelle für deine Inspiration, deine Kreativität, für die Liebe, die durch dich in die Welt gebracht wird, und für deine Schöpferkraft. Es ist die Aufgabe von jedem einzelnen Menschen auf dieser Welt, die Sprache des Herzens wieder neu zu lernen, sie zu hören, sie zu verstehen, sie zu sprechen und nach ihr zu leben.

Ich kann mich noch sehr gut an die Zeit in meinem Leben erinnern, als mir die Sprache meines Herzens wie eine Fremdsprache vorgekommen ist. Ich konnte sie einfach nicht verstehen, und die Vorstellung, mein Herz trotz Verletzungen wieder zu öffnen und weiterhin voller Vertrauen zu lieben und zu leben, machte mir Angst. Die Angst hingegen gab mir ein vermeintliches Gefühl von Sicherheit. Ich konnte mich hinter ihr verstecken. Ich konnte sie vorschieben. Solange ich Angst hatte, brauchte ich keine mutigen Entscheidungen zu treffen, ich brauchte mein Herz nicht zu öffnen und konnte unter dem Radar des Lebens fliegen. Das Problem war, dass mich das alles andere als glücklich gemacht hat. Wir haben dieses Leben nicht geschenkt bekommen, um unter dem Radar zu fliegen oder um es auf Sparflamme abzusitzen. Natürlich können wir das tun, aber wir haben mit unserem Herzen einen Kompass mitgegeben bekommen, der nicht schweigt und der uns bis an unser Lebensende daran erinnern wird, wenn wir in die falsche Richtung laufen. Wir spüren es. Wir wissen es intuitiv, dass wir gerade gegen unsere eigene Natur leben. Wir alle haben mit unserem Herzen ein eingebautes GPS-System, das uns unermüdlich darauf aufmerksam macht, wenn wir falsch abgebogen sind und den Weg der Angst genommen haben anstatt den Weg der Liebe. Im Laufe der Zeit haben wir Menschen die unterschiedlichsten Methoden entwickelt, um zu versuchen, unser Herz irgendwie zum Schweigen zu bringen. Wir trinken Alkohol, nehmen Drogen, arbeiten bis zum Umfallen, kaufen allen möglichen nutzlosen Quatsch, nur um am Ende festzustellen, dass das Herz nicht zum Schweigen zu bringen ist. Es wird immer wieder Wege finden, dich zu erinnern. Mit jedem neuen Herzschlag schickt es dir die Botschaft, dass dieses Leben mehr für dich bereithält, als gegen deine wahre Natur zu leben.

Heute verstehe ich, dass das Herz nicht den Anspruch hat, unverletzt zu bleiben, denn es weiß, dass jede Verletzung eine neue Möglichkeit ist zu lernen, noch mehr zu lieben als zuvor. Unser Herz ist so viel stärker, als wir glauben. Es ist die Quelle zu einer Energie, die nicht versiegen kann und niemals versiegen wird, solange wir uns dafür entscheiden zu lieben.

Jeder Morgen, an dem du deine Augen öffnest, ist eine neue Möglichkeit, auch dein Herz wieder zu öffnen und dich mit deiner Schöpferkraft zu verbinden. Jeden Tag schreibst du mit der Art und Weise, wie du lebst, deine eigene Geschichte. Jeder Tag ist die neue Chance, die Geschichte über dein Leben zu schreiben, für die du in Erinnerung bleiben möchtest. Dein Leben ist ein einzigartiger Ausdruck deines Seins, und nur du kannst dir die Erlaubnis geben, ein außergewöhnliches Leben zu erschaffen, das deiner Natur gerecht wird.

Jeder Gedanke, jede Entscheidung und jede Handlung von dir haben eine schöpferische Kraft. Du kannst nicht *nicht* erschaffen. Aber du kannst selbst wählen, *entgegen* deiner Bestimmung zu erschaffen oder *in Einklang* mit deiner Bestimmung zu erschaffen. Diese Entscheidung ist immer deine. Warum dann nicht direkt ein Leben erschaffen, das dich stolz macht und das deinem Herzen entspringt?

Verbinde dich mit deiner Schöpferkraft

Vor kurzem war ich im Taxi unterwegs zum Flughafen und kam ins Gespräch mit Karl, dem Taxifahrer. Karl schätzte ich auf Anfang 40, ein ziemlich humorvoller Typ, und – wie sich im Gespräch schnell herausstellte –, mit dem Herz am rechten Fleck. Ich liebe es, mich mit Menschen zu unterhalten und ihnen zuzuhören, wenn sie über ihre Träume sprechen. Es hat etwas Magisches, wenn Menschen anfangen, davon zu erzählen, wovon sie träumen oder was sie sich für ihr Leben wünschen. Karl überraschte mich allerdings sehr, als er mir erzählte, dass sein Traum schon immer war, etwas mit Tieren zu machen, dass er am liebsten im Zoo arbeiten und dort die Tiere pflegen würde. Es berührte mich sehr zu sehen und zu spüren, wie sehr er sich das wünschte und wie glücklich ihn diese Vorstellung machte. Ich fragte ihn, was ihn denn bis jetzt davon abhielt, diesen Traum auch Wirklichkeit werden zu lassen? Als er mich mit seinen traurigen Augen anlächelte, konnte ich erkennen, dass er diesen Traum in Wahrheit wohl schon vor langer Zeit begraben und den Glauben an sich selbst aufgegeben hatte. Er hatte sich wohl schon zu viele Male selbst Gründe genannt, warum dieser Traum immer nur ein Traum bleiben würde.

Wir waren schon fast am Flughafen angekommen, als ich zu ihm sagte: «*Karl, auch wenn du es vielleicht vergessen hast, aber es ist nie zu spät, sich endlich ein Herz zu fassen und sich wieder daran zu erinnern, dass du nicht zufällig hier in diesem Leben bist. Vielleicht gibt es gerade einen Eisbären im Zoo, der sehnsüchtig darauf wartet, dass du dich endlich um ihn kümmerst, oder einen Elefanten, der nicht versteht, warum du so lange brauchst, um endlich dein Leben zusammenzukriegen und ihm die Ohren zu schrubben. Alles steht in einem größeren Zusammenhang, und*

wir wissen nie, für wen es alles einen riesigen Unterschied machen wird,
wenn wir endlich unserer Berufung folgen. Dein Herz versucht, dir den
Weg zu weisen. Lass nicht zu, dass deine Ängste dich von deinem wahren
Weg abhalten.»

Karl schaute mich etwas über meinen kleinen Motivations-
vortrag verwundert an, aber ich konnte sehen, dass er verstanden
hatte, was ich ihm versuchte zu sagen. Als ich im Flugzeug saß,
dachte ich noch lange über Karl nach und stellte mir vor, wie er
eines Tages im Zoo arbeiten und sich dort liebevoll um den Eisbären und die Elefanten kümmern würde. Ob es wirklich so gekommen ist, weiß ich nicht. Zumindest habe ich ihn seitdem nie
wieder im Taxi getroffen.

Aus den unterschiedlichsten Gründen geht es uns manchmal wie
Karl. Wir haben einen Traum oder eine Vision, aber irgendwie
kommt das Leben dazwischen, und wir lassen äußere Umstände
darüber bestimmen, wohin sich unser Leben entwickelt, anstatt
es selbst zu erschaffen. Wir finden Ausreden und Begründungen,
warum es jetzt zu spät ist, noch loszugehen, oder dass es uns an
irgendetwas mangelt, um unseren Traum zu verwirklichen. Wir
vergessen im Laufe der Zeit, dass in uns eine unendlich mächtige
Schöpferkraft verborgen liegt, die darauf wartet, von uns aktiviert
und genutzt zu werden. Doch egal, wie lange wir unsere Schöpferkraft auch verleugnen mögen, sie wird niemals verschwinden und
sie ist in jedem Menschen vorhanden. Sie ist unsere wahre Natur
und kann zu jeder Zeit wieder erweckt werden.

Der einzige Schlüssel, um die eigene Schöpferkraft, unsere natürliche Superpower, wieder zu aktivieren, ist der Glaube an uns
selbst. In dem Moment, in dem wir wieder anfangen, an uns selbst
zu glauben und so einen Raum für neue grenzenlose Möglichkeiten schaffen, setzt sich die eigene Schöpferkraft in Gang. Der

Glaube an dich ist die unsichtbare Kraft, die Unmögliches möglich machen wird und die dich erkennen lässt, dass du so viel mehr bist als dein Ego, dein Körper, dein Name oder dein Beruf. Der Glaube eröffnet dir den Zugang zu einer tieferen Ebene deiner Seele und zu deinem spirituellen Ursprung. Er lässt dich mit deinem Herzen sehen und nicht mehr mit deinen Augen. Er lässt dich die Unendlichkeit deiner Seele spüren. Je unerschütterlicher dieser Glaube ist, desto mehr Wunder wirst du in deinem Leben erfahren, weil du Zugang zu der göttlichen Quelle deiner Schöpferkraft erhältst.

HIGHER-SELF-INSPIRATION
Der einzige Schlüssel, um deine Schöpferkraft
zu aktivieren, ist der Glaube an dich selbst.

Es ist die Aufgabe eines jeden Menschen, diesen Glauben an sich selbst wieder zu entfachen und sich mit der inneren Kraft zu verbinden, die es ermöglicht, alles zu erschaffen, was man sich jemals erträumt hat. Du bist ein Teil von diesem unendlichen Universum, und du trägst die Kraft dieses Universums in dir. Nicht nur im übertragenen Sinne, sondern tatsächlich im wörtlichen Sinne: In dir lebt das Universum. Fast alle Atome, aus denen dein Körper besteht, stammen zu 50 % aus der Milchstraße, die anderen 50 % stammen aus noch weiter entfernten Galaxien. Die Atome in deinem Körper sind beim Urknall und beim Aufeinanderprallen von Sternen entstanden, Milliarden Jahre durchs Universum gewandert, bis sie eines Tages den Weg in unsere Atmosphäre gefunden und sich heute als dein Körper manifestiert haben. Du bist in Wahrheit aus Sternenstaub. Du trägst in dir die Energie und die Kraft aus den Sternen. Du bist das Universum in ekstatischer Bewegung.

Sich wieder bewusst mit dieser Kraft und Weisheit zu verbinden, ist der Schritt raus aus einem beengten Bewusstsein, hin zu einem Erschaffen mit den Kräften des Universums.

Die zwei wichtigsten Tage im Leben sind der Tag, an dem wir geboren werden, und der Tag, an dem wir herausfinden, warum. Es ist kein Zufall, dass du in diesem Moment hier auf diesem Planeten bist. Es ist kein Zufall, dass du genau dieses Leben gewählt hast. In diesem Universum gilt das Gesetz von Ursache und Wirkung, das bedeutet, dass es keinen Effekt ohne Ursache geben kann. Die Ursache für dein Leben hier auf der Erde in genau diesem Moment ist, dass du dieses Leben gewählt hast, um dich hier als spirituelles Wesen in einer menschlichen Erfahrung selbst erfahren zu können. Dabei steht alles mit allem in Beziehung. Dein Sein hier auf der Erde hat einen Effekt auf alles andere Leben. Neben der Erfahrung, die wir selbst in unserem Leben machen, dienen wir gleichzeitig auch immer allen anderen Menschen, denen wir begegnen, um eine Erfahrung in unserer Begegnung machen zu können. Die Frage ist, für welche Möglichkeit der Erfahrung möchtest du anderen Menschen dienen?

Möchtest du, dass Menschen, die dir begegnen, danach inspirierter, motivierter und glücklicher sind als vorher?

Möchtest du, dass sie durch dich wachsen, ihr eigenes Licht erkennen und den Glauben an sich selbst wieder entdecken?

Möchtest du, dass sie durch dich erkennen, dass das Universum ein Ort der Fülle und nicht des Mangels ist?

Wenn deine Antwort ein tief aus dem Herzen kommendes Ja ist, dann hast du gerade den ersten wichtigen Schritt getan, um dich mit deinem Higher Self zu verbinden. Dein Higher Self ist der göttliche Anteil in dir, der weiß, dass du mehr bist als dein

Körper und all das, was du über deine fünf Sinne wahrnehmen kannst. Es ist der Anteil, der den spirituellen Aspekt deines Seins verkörpert und dessen Aufgabe unter anderem darin liegt, darauf zu achten, dass du deine Schöpferkraft zum höchsten Nutzen allen Lebens einsetzt und nicht, um den eingeschränkten Absichten deines Ego zu dienen. Dein Higher Self entspringt der geistigen Ebene, die direkt mit der universellen Kraft verbunden ist. Dein Higher Self ist dein innerer Guru, deine eigene Quelle der Weisheit, und ein Leben in Verbundenheit mit deinem Higher Self zu leben, bedeutet, ein Leben in Liebe und Erfüllung zu erschaffen. Der Tag, an dem du erkennst, dass du in Wahrheit so viel machtvoller bist, als du bisher angenommen hast, ist der Tag, an dem du wahrhaft beginnen wirst zu leben. Es ist der Tag, an dem du verstehen wirst, dass du etwas unfassbar Wertvolles und Einzigartiges für diese Welt mitgebracht hast und es deine Aufgabe ist, dein Geschenk mit der Welt zu teilen. Dabei spielt es keine Rolle, ob du dabei einen Menschen oder eine Million Menschen erreichst. Was zählt, ist, dass du verstehst, dass du unendlich wertvoll bist und dass es etwas gibt, das nur du mit dieser Welt teilen kannst: Dein Geschenk für die Welt.

❋

HIGHER-SELF-INSPIRATION
Du bist so viel machtvoller, als du erahnst.

GLAUBE DARAN, DASS ES MÖGLICH IST:
11 Übungen, wie du im Alltag deine Schöpferkraft aktivierst

Ich verspreche dir, dass, wenn du einmal auf den Geschmack von deiner eigenen Schöpferkraft gekommen bist und es dir zur Lebensaufgabe gemacht hast, dein Leben in Einklang mit deinem Higher Self zu erschaffen, du dir irgendwann nicht mehr vorstellen kannst, jemals anders gelebt zu haben. Es ist, als würdest du in eine neue Welt der Möglichkeiten eintauchen.

Ich möchte gerne elf Übungen mit dir teilen, die du ganz einfach in deinen Alltag integrieren kannst, um bewusst in Verbindung mit deinem Higher Self zu leben und deine Energie auf einer hohen positiven Frequenz einzupendeln. Deine Frequenz ist die energetische Schwingung, die von dir ausgeht und auf der du wiederum auch empfängst. Da Gleiches immer mehr von dem Gleichen anzieht, wirst du immer das empfangen, was du auch aussendest. Je positiver deine Energie ist, desto mehr Positives wirst du auch in dein Leben ziehen. Gerade im Alltag gibt es so viele Momente, die eine verlockende Einladung für unser Ego sind, in alte Muster zu verfallen, abwertend uns selbst oder anderen gegenüber zu sein und die die eigene Energie einzuschränken, anstatt sie auszuweiten. Umso wertvoller sind kleine Anker und Momente der Achtsamkeit, die uns im Alltag dabei helfen können, die eigene Energie auf einem hohen Level zu halten und aus Liebe zu handeln, anstatt uns von den eigenen Ängsten kleinhalten zu lassen.

HIGHER-SELF-INSPIRATION
Glaube daran, dass das Universum immer
für dich ist. Suche nach dem Guten in dir, und
es wird dich von überall erreichen.

#1 Träume groß und unerschrocken

Eine sehr kraftvolle Art und Weise, deine Schöpferkraft zu akti-vieren, ist, groß zu träumen – je größer, desto besser! Wenn du dir erlaubst, groß zu denken und zu träumen, wird dein Gehirn automatisch nach Wegen und Möglichkeiten suchen, deine Vi-sion Realität werden zu lassen. Zu träumen und groß zu denken, ist für dein Higher Self wie die Luft zum Atmen. Ohne große Träume gibt es keinen Raum für Kreativität. Deine Träume und Ideen sind die Farbe für dein Lebenswerk. Sie machen dein Leben bunt, vielseitig und aufregend. Alles, was du heute in den Hän-den halten kannst, war einmal eine Idee im Kopf eines Träumers. Ohne Träume und Visionen von Menschen wäre unsere Welt leer und eintönig. Häufig sterben unsere Träume aber bereits, bevor sie überhaupt zu Ende geträumt sind, weil sich unserer innerer Kritiker zu Wort meldet und zu viele Probleme und Herausforde-rungen in der Umsetzung der Träume sieht. Wir lassen uns schon aufhalten, bevor wir überhaupt den ersten Schritt getan haben. Dabei sind deiner Phantasie und deinen Ideen in Wahrheit keine Grenzen gesetzt.

Übe dich darin, im Alltag mehr zu träumen und einen Raum in dir zu öffnen, in dem neue Ideen Platz finden. Bei dieser Übung brauchst du noch keinen Plan, wie genau du deine Träume realisie-ren wirst. Es geht einzig darum, dir wieder zu erlauben, zu träumen und neue Inspiration in dein Leben fließen zu lassen, ohne sie bereits beim Entstehen schon zu zensieren. Wenn du zum Beispiel im Zug fährst oder an der Kasse in der Schlange stehst, beginne, vor deinem inneren Auge einen Film ablaufen zu lassen, mit allem, was du dir für dein Leben und deine Zukunft wünschst. Stell dir vor, dass du der Regisseur dieses Films bist und dein Filmbudget unendlich groß ist. Visualisiere jedes Detail, die Menschen, die Orte, und während du die Bilder vor deinem inneren Auge siehst, erlaube dir, auch nachzuspüren, wie es sich anfühlt, genau dieses Leben zu erschaffen. Deine Seele denkt in Bildern. Je schöner und intensiver diese Bilder sind, desto einfacher wird es für dich sein, diese Bilder auch in deinem Leben tatsächlich wahr werden zu lassen.

#2 *Schreibe deine Träume auf*

Auch wenn es bereits sehr kraftvoll ist, regelmäßig die eigenen Träume und Visionen zu visualisieren, bekommen sie noch mal eine viel größere Wirkungskraft, wenn du sie aufschreibst. Ich habe in meinem Leben bereits so viele Male die Magie gespürt, die sich in meinem Leben entfaltet hat, wenn ich meine Träume aufgeschrieben habe. Ich kann mich noch ganz genau daran erinnern, wie ich vor Jahren in mein Tagebuch geschrieben habe, dass ich mir wünsche, einen TED-Talk zu halten und dass die Organisatoren von TED auf mich zukommen würden. Zu diesem Zeitpunkt war ich gerade mit meinem Studium fertig, arbeitete als Musikmanagerin und hatte selbst noch keinen einzigen öffentlichen Vortrag gehalten. Ich hatte noch nicht einmal eine Idee, worüber, wann oder wo ich den TED-Talk halten würde. Ich hörte einfach nur auf diese leise, feine Stimme in mir, die diesen

Wunsch äußerte. Anstatt ihn direkt als eine absurde Idee abzutun, schrieb ich ihn in mein Tagebuch, und als ich abends nach Hause kam, klebte ich ein Bild von der TED-Bühne auf mein Visionsboard. Drei Jahre später erhielt ich die E-Mail vom TEDx-Team in Stuttgart, in der er mich dazu einlud, bei ihm auf der nächsten Konferenz zu sprechen. Es war eine wunderschöne Erfahrung und für mich ein weiterer Beweis, wie mächtig wir sind in der Schöpfung unserer Realität. Mein Tagebuch ist gefüllt mit Wünschen und Visionen. In dem Moment, in dem ich sie aufschreibe, kommen sie mir häufig unendlich weit weg und niemals realisierbar vor, aber sie alle sind wahr geworden. Ohne Ausnahme.

Nimm dir am besten morgens oder abends einen Moment für dich, wo du deine Ziele, Träume und Visionen aufschreibst. Ich mache es meistens ganz einfach in Stichpunkten, lese sie mir danach noch einmal durch und visualisiere sie vor meinem inneren Auge. Auch hier geht es noch nicht darum, einen Plan zu haben oder zu wissen, wie diese Träume wahr werden. Es geht darum, ihnen Luft zum Atmen zu geben und den Raum, sich zu entfalten. Leg deinen Stift danach einfach weg, und freue dich, dass diese oder eine noch bessere Zukunft auf dich wartet.

Zusätzlich kannst du dir ein Visionsboard erstellen, auf dem du deine Vision und alles, was du gerne in deinem Leben erschaffen und erleben möchtest, als Bilder aufklebst. Jedes Mal, wenn du auf dein Visionsboard blickst, aktivierst du in deinem Unterbewusstsein automatisch wieder den Fokus auf deine Träume.

#3 Brokkoli und Spinat vom Universum

Ich weiß nicht, wie es früher bei dir zu Hause gewesen ist, aber als ich klein war, wollten meine Eltern immer, dass ich viel Gemüse esse. Vor allen Dingen grünes Gemüse wie Spinat oder Brokkoli. Für mich hat es absolut keinen Sinn ergeben, warum sie so auf grünes Gemüse aus waren und warum sie nicht auch viel lieber ein leckeres Eis, Kekse, Schokolade oder Pfannkuchen essen wollten. Heute, fast 20 Jahre später, kann ich es sehr gut nachvollziehen. Sie haben mir das zu essen gegeben, was gut und wichtig für mich war, damit ich gesund sein würde und groß und stark.

So ähnlich kannst du dir deine Verbindung mit dem Universum vorstellen. Das Universum liebt dich wie sein eigenes Kind, und es weiß, dass du auf der einen Seite am allerliebsten den ganzen Tag nur Dinge tun würdest, die dir Spaß bereiten, du am besten nie eine Krise haben möchtest und dass immer alles genauso läuft, wie du es dir jetzt gerade wünschst, und zwar auch noch sofort – aber das Universum ist einfach ein paar Milliarden Jahre älter als du und hat einen etwas anderen Blick auf den Sinn deines Lebens. Es möchte, dass du wachsen kannst, dass du lernst und dass du viele unterschiedliche Erfahrungen in deinem Leben machst. Das Universum lebt und erfährt sich durch dich. Es hat kein Interesse an immer nur Spaß und daran, dass es in deinem Leben keinen Raum für Veränderungen gibt, denn das Leben ist Veränderung. Es will, dass du ganz lebst. Deswegen wird es dir immer wieder die Möglichkeit schenken, die Vielfalt des Lebens mit allen Höhen und Tiefen zu erleben. Es wird dir also immer mal wieder eine große Portion Brokkoli oder Spinat auf deinen Teller tun. Nicht weil es dich nicht liebt, sondern gerade weil es dich liebt und es auch weiß, dass du von zu viel Eis nur Karies bekommen würdest. Und meistens schauen wir dann ein paar Jahre später insbesondere auf die herausfordernden Erfahrungen zurück und erkennen, wie sehr sie unser Leben bereichert haben.

Schau einmal auf alle deine bisherigen Erfahrungen zurück, und vielleicht kannst du aus der heutigen Perspektive und mit etwas Abstand ein Geschenk darin erkennen. Erinnere dich an all die Momente, in denen du zuerst nicht verstehen konntest, warum gerade diese Krise oder diese Herausforderung in deinem Leben ist und du in diesem Moment vielleicht am liebsten aufgegeben hättest. Vielleicht hast du dich damals gefragt: Warum passiert mir das? Warum ist das Leben so ungerecht? Und heute denkst du dir: Zum Glück ist das passiert! Fällt dir was ein? Das sind Brokkolimomente! Ab heute kannst du dir jetzt bei jeder neuen Krise denken: «Mhhhh lecker! Endlich mal wieder eine große Portion Spinat und Brokkoli! Danke, liebes Universum, dass du so gut für mich sorgst!» So den Herausforderungen im Leben zu begegnen, ermöglicht dir, dich nicht wie ein Fähnchen im Wind des Lebens zu fühlen, das je nach Wetter weht, sondern schöpferisch und aktiv auf alles, was von außen auf dich zukommt, zu reagieren. Diese positive und entspannte innere Haltung Krisen und Herausforderungen gegenüber, wird dir nicht nur eine tiefe Zuversicht für deine Zukunft schenken, sie wird dir auch Erkenntnisse schenken, die du nur sehen kannst, wenn du der Erfahrung zustimmst und dem Leben erlaubst, auch Schattenseiten zu haben.

#4 Augen zu und Frieden

Deine innere Welt erzeugt deine äußere Welt. Es sind deine inneren Überzeugungen, deine Gedanken, deine Gefühle und deine Entscheidungen, die letztlich für die Wahrnehmung deiner äußeren Welt sorgen. Ganz leicht passiert es allerdings, dass wir es im Alltag genau andersherum empfinden. Dass wir den Eindruck haben, unsere äußere Welt würde bestimmen, wie es uns geht oder wie wir uns fühlen.

Die effektivste und gleichzeitig auch gesündeste Methode, um dem entgegenzuwirken, ist es, dir kurze Auszeiten im Alltag zu nehmen, um die Augen zu schließen und deine Sinne nach innen zu wenden. Dieser Moment, wenn du innehältst, die Augen schließt, tief ein- und ausatmest und bei dir ankommst, ist magisch. Dieser kurze Augenblick hat die Kraft, dich vollkommen neu auszurichten, eine bessere Entscheidung zu treffen und zu deinem Herzen zurückzukehren. Nutze diesen Moment, um dich zu fragen:

«Welches Leben möchte ich erschaffen?»

«Bin ich in Liebe oder in Angst unterwegs?»

«Dient mir meine Sichtweise gerade?»

«Was würde die Liebe jetzt tun?»

Höre einfach nur zu, was als Antwort zu dir kommt. Lass die Antwort von deinem Herzen zu dir aufsteigen. Zu beten bedeutet, zu Gott zu sprechen. Zu meditieren bedeutet, Gott zuzuhören. Du wirst spüren, wie verbunden du dich bereits nach ein paar Minuten Meditation fühlst. Nimm dir jeden Morgen und jeden Abend einen Moment für diesen spirituellen *Check-in in dich selbst* Zeit und bringe deine Gedanken und Gefühle durch diese wundervolle Meditation wieder in Einklang mit deinen Wünschen und Träumen.

#5 *Jeden Tag eine kleine Tat*

Wir alle träumen auf die eine oder andere Weise von einem außergewöhnlichen Leben. Es gibt aber am Ende nur ganz genau einen Weg, wie dieses Leben entstehen kann: durch deine Handlung. Du bist die Schöpferin oder der Schöpfer deines Lebens. Jede Entscheidung, die du triffst, jedes Wort, das du sprichst und jede Handlung hat eine schöpferische Kraft. Hier gibt es zwei Möglichkeiten. Entweder du erschaffst das Leben, das du dir wünschst, oder du erschaffst es nicht. Das ist nicht von äußeren Umständen abhängig, sondern in Wahrheit einzig und allein von deiner inneren Bereitschaft, deinem Willen, deiner Durchhaltekraft und deiner Begeisterung für dieses Leben.

Vielleicht glaubst du jetzt, das gilt vielleicht für alle anderen, aber nicht für dich? Dann möchte ich dir gerne eine unglaublich inspirierende Geschichte von einer Frau namens Terrari Trent erzählen. Terrari Trent wurde 1965 in Simbabwe geboren. Weil sie ein Mädchen war, wurde ihr verboten, zur Schule zu gehen, aber sie ließ sich nicht davon abbringen, sich selbst mit den Schulbüchern ihres Bruder heimlich Lesen und Schreiben beizubringen. Mit 14 Jahren wurde sie im Tauschgeschäft gegen eine Kuh verheiratet und war bereits mit 18 Jahren Mutter von drei Kindern. Eines Tages kam in das Dorf, in dem Terrari lebte, eine Frau, die für eine Hilfsorganisation arbeitete und sie fragte, was ihre Träume seien. Terrari hatte erst Angst, darauf zu antworten, weil ihr diese Frage bis zu diesem Tag noch nie gestellt worden war, aber dann sagte sie: «Ich möchte nach Amerika und an einer richtigen Universität studieren.» Von diesem Tag an arbeitete sie ununterbrochen an diesem Traum. Sie holte ihren Schulabschluss nach und schrieb unzählige Bewerbungen an amerikanische Universitäten, bis sie 1998 an der Oklahoma State University angenommen wurde und mit ihren Kindern zusammen in die USA zog. Sie studierte tagsüber und arbeitete nachts als Kellnerin. Sie bekam Essen von Supermärkten geschenkt, das diese sonst weggeschmissen hätten und mit dem sie sich und ihre Kinder ernährte. 2009 erhielt sie ihren Doktortitel an der Western Michigan University. Heute ist Terrari Gründerin einer eigenen Schule in Simbabwe und Autorin mehrerer Bücher.

Diese Geschichte rufe ich mir immer wieder ins Gedächtnis, wenn mein Ego mir versucht zu sagen, dass irgendetwas nicht geht, zu kompliziert ist oder zu anstrengend. Wenn Terrari Trent dieses unglaubliche Leben erschaffen hat, dann ist so viel anderes auch machbar.

Mache es dir zur Gewohnheit, ins Handeln zu kommen und nicht zu denken, dass dein Plan erst perfekt sein muss oder du vorher noch irgendwas lernen musst. Geh los! Fang heute noch an. Du bist mit einer unendlich machtvollen Quelle verbunden, die dich auf deinem Weg und in deinen Träumen liebevoll unterstützen wird. Aber den ersten Schritt musst du selbst tun.

#6 *Lass die Welt an deinen Plänen teilhaben*

Das universelle Gesetz der Polarität besagt, dass es in diesem Universum zu allem auch immer ein Gegenstück gibt. Alles hat zwei Seiten. Deswegen gibt es natürlich auch zu deiner Schöpferkraft das Gegenteil: deinen inneren Schweinehund. Für deinen inneren Schweinehund gibt es eigentlich keine schlimmere Nachricht, als dass du gerne etwas in deinem Leben verändern oder – noch schlimmer – etwas tun möchtest, was völlig außerhalb deiner Komfortzone liegt. Das ist der Moment, in dem sich dein innerer Schweinehund melden und versuchen wird, dich mit allen möglichen Mitteln von deinem Plan abzubringen.

Weil wir alle wissen, dass dieser Augenblick früher oder später kommen wird, brauchst du einen richtig guten Backup-Plan. Und was könnte besser sein, als bereits allen Menschen, die dir wichtig sind, von deinen Plänen zu erzählen, sie teilhaben zu lassen und dich öffentlich zu dir und deinen Träumen zu bekennen. Menschen, die dich lieben und die sehen, wie wichtig dir dieser Traum ist, werden dich immer wieder in Momenten des Zweifelns an deine Vision erinnern. Mit einem öffentlichen Commitment zu deinen Träumen und Visionen sendest du ins Universum die klare und powervolle Botschaft: «Ich bin bereit!»

#7 Wirf jeden Morgen als Erstes die Dankbarkeits- Konfettikanone an

Wenn ich dir nur eine Sache in diesem Buch mitgeben dürfte, wäre es wahrscheinlich diese: Schmeiß jeden Morgen eine Dankbarkeits- party in dir selbst! Eine Dankbarkeitsparty sieht so aus: Nimm dir jeden Morgen direkt nach dem Aufwachen zwei Minuten Zeit, halte die Augen geschlossen und gehe in Gedanken alles durch, für das du an diesem Morgen besonders dankbar bist. Du bist völlig frei darin, wofür du dankbar bist, ob für bestimmte Menschen in deinem Leben, die du liebst, für tolle Erfahrungen, die du gemacht hast, für deine Gesundheit, deinen Job, deinen Reichtum, für all die tollen Projekte, die du noch umsetzen wirst, und so weiter. Bei jeder Sache, für die du dankbar bist, stell dir vor, wie du innerlich vor Freude komplett ausrastest. Du kannst dir vorstellen, wie du tanzt, eine Konfettikanone losfeuerst, die Arme in die Luft wirfst und dich freust, als hättest du gerade eine Million Euro im Lotto gewonnen. Dabei spielt es keine Rolle, ob du dankbar dafür bist, dass du einen neuen Job bekommen hast oder dass du heute Mor- gen einen frischen, warmen Kaffee trinken kannst – alles, wofür du dankbar bist, feierst du im selben Maße.

Es geht darum, bereits am Morgen deine Energie auf eine Fre- quenz von Freude und Fülle einzuspielen und dadurch zu einem Magneten von weiterer Fülle und Freude zu werden. Jeden Mor- gen bestimmen wir mit unserer Energie die Frequenz, auf der wir den Tag über schwingen werden. Da Gleiches Gleiches anzieht, empfangen wir immer das, was auf derselben Frequenz, wie wir selbst, schwingt. In den ersten beiden Minuten deines Tages deine Frequenz auf Fülle und Freude einzupendeln, macht dich bereit für einen Tag voller Wunder, mehr Fülle und kosmische «Zufälle», die plötzlich in deinem Leben auftauchen werden. Du beginnst bereits mit dieser Übung, ohne irgendetwas tun zu müssen, deine Schöpferkraft mental und emotional zu aktivieren.

#8 Wie außen, so innen

Auch wenn wir unsere Welt von Innen nach Außen erschaffen, so hat unsere Umgebung trotzdem auch einen Einfluss auf unsere innere Welt. Dank der Spiegelneuronen in unserem Gehirn, lernen wir bereits von klein auf, unsere Umgebung zu spiegeln und passen unser Verhalten automatisch an sie an. Deswegen ist es unglaublich wichtig, sich bewusst mit Menschen zu umgeben, die, ebenso wie du, an ihre Träume glauben, etwas in ihrem Leben bewegen wollen, die bereit sind, sich gegenseitig zu motivieren und einander zu unterstützen. Genauso wichtig ist es, sich bewusst von Menschen abzugrenzen, die dich mit ihrer negativen Energie versuchen herunterzuziehen und die sich ständig nur beschweren, anstatt endlich etwas in ihrem Leben zu ändern. Ich nenne diese Menschen liebevoll Grummels. Wir alle haben Grummels in unserer näheren Umgebung, und es geht nicht darum, den Kontakt zu ihnen abzubrechen, sondern lediglich darum, sich bewusst nicht von ihrer negativen Energie einnehmen zu lassen.

Wer sind die Menschen in deinem Leben, die dich inspirieren? Die dich unterstützen? Die ebenso groß träumen? Bei welchem Menschen in deinem Umfeld kannst du offen über deine Wünsche, über deine Spiritualität, über deine Schöpferkraft sprechen? Mache es dir zur Gewohnheit, jeden Tag mit diesen Menschen

Zeit zu verbringen oder mit ihnen zu telefonieren. Es ist wirklich unglaublich, was in uns an Potenzial freigesetzt wird, wenn wir Menschen um uns herum haben, die an uns glauben und die selbst auch dabei sind, ein außergewöhnliches Leben zu erschaffen.

#9 *Hol dir eine ordentliche Portion Inspiration*

Vielleicht denkst du jetzt, dass du in deiner Umgebung niemanden hast, der dich inspiriert oder der an dich glaubt. Manchmal dauert es tatsächlich einen Moment, bis wir uns ein Umfeld aufgebaut haben, das uns stärkt und Kraft schenkt. Bis dahin gibt es zum Glück auch andere Wege, wie du dir Inspiration holen kannst und dir Futter für deine eigene Schöpferkraft besorgst. Anstatt deine wertvolle Zeit auf Instagram oder Facebook zu verbringen, kannst du dank des Internets mittlerweile die unglaublichste Inspiration von überall auf der Welt bekommen. Du kannst dir Hörbücher und Podcasts von spirituellen Lehrern, Unternehmern, Weltveränderern, Sportprofis oder anderen inspirierenden Persönlichkeiten herunterladen und dir vorstellen, sie würden sich nur mit dir unterhalten. Du kannst Onlinekurse von den besten Coaches der Welt besuchen und Vorträge auf YouTube von Oprah Winfrey bis Richard Branson anschauen. Du bist umgeben von Inspiration und Menschen, die dir erzählen, wie sie mit ihren Ängsten umgegangen sind, wie sie ihre größten Herausforderungen gelöst und wie sie ein außergewöhnliches Leben erschaffen haben.

Sei kompromisslos mit deiner Zeit und mit den Dingen, die du in dein Bewusstsein lässt. Alles, was du an Medien konsumierst, hat einen Effekt auf dich und deine Energie. Beobachte dich selbst in den nächsten Wochen ganz liebevoll, prüfe genau, womit du deine Zeit verbringst und ob die Medien, die du konsumierst, dich inspirieren, dir gut tun und deine Energie anheben oder ob du dich nach dem Scrollen durch den Instagramfeed eher leer fühlst. Mache es dir zur unverhandelbaren Gewohnheit, dir täglich neue Inspiration für dein Higher Self zu besorgen und mindestens eine halbe Stunde am Tag ein inspirierendes Video anzuschauen, ein Buch zu lesen, einen Podcast zu hören oder zum Beispiel an einem Online-Coaching-Programm teilzunehmen und dich mit inspirierendem Input zu versorgen.

#10 *Mache jeden Tag einen Menschen glücklich*

Die größte Magie deiner Schöpferkraft entfaltet sich, wenn du sie zum Wohle anderer einsetzt. Es scheint, als würde die eigene Schöpferkraft noch einmal potenziert werden und über uns hinauswachsen, wenn wir sie nutzen, um anderen Menschen zu helfen oder um sie zu unterstützen. Je mehr du dich dafür einsetzt, anderen Menschen dabei zu helfen, ihre Träume zu verwirklichen, und sie dabei unterstützt, ihr Potenzial zu erkennen, desto intensiverr kommst du selbst in Berührung mit derselben Kraft in dir. Je mehr du anderen Menschen zu Erfolg und Fülle in ihrem Leben verhilfst, desto mehr des Gleichen wird auch in dein Leben fließen. Falls du jemals das Gefühl hast, bei der Verwirklichung deiner eigenen Träume nicht weiterzukommen, frage dich, wem du in deinem Umfeld gerade helfen kannst. Vielleicht gibt es auch ein soziales Projekt, das du gerne unterstützen möchtest, oder du fragst einen Obdachlosen, wie du ihm eine Freude machen kannst. Du wirst sehen, dass jede freundliche und hilfsbereite Geste dir auch dabei helfen wird, dich selbst wieder zu inspirieren. Es gibt keine größere Freude als die, die wir jemand anderem machen. Nutze dein Leben, um das Leben so vieler anderer Menschen wie möglich zu bereichern. Sei du die Inspiration, die Umarmung, das Lächeln und die Hoffnung, die du dir auch in deinem eigenen Leben wünschst, und du wirst spüren, dass du jeden Tag mehr in Kontakt mit einer unendlichen Fülle an Liebe in dir selbst kommst.

#11 *Die Schöpferkraft-Superpower-Emotion*

Es gibt eine Emotion, die wie ein Superpowerbeschleuniger für deine Schöpferkraft wirkt. Diese Emotion ist Freude. Wenn wir uns aus tiefstem Herzen freuen und Spaß haben, sind wir mit all unseren Sinnen im Hier und Jetzt. Wir öffnen unser Herz und kommen in einen Flowzustand, in dem wir Raum und Zeit vergessen. Hier existieren keine Zweifel, keine einschränkenden Gedanken, sondern nur unser reines Sein. Im Zustand von Freude und Spaß können wir keine Angst empfinden. Freude ist die Emotion mit der höchsten Energiefrequenz, in der wir unsere Strahlkraft ins Universum hinausschicken können.

Das Problem ist, dass wir sehr häufig das Erreichen unserer Ziele oder das Erschaffen von einem außergewöhnlichen Leben mit einer gewissen Schwere belegen, die unsere Energiefrequenz direkt in den Keller fährt. Ein außergewöhnliches Leben zu erschaffen, darf, nein, es sollte dir sogar Freude bereiten. Ja, es ist streckenweise anstrengend und erfordert eine riesige Portion Mut, aber es sollte dir trotzdem Freude bereiten. Es ist deine spirituelle Aufgabe, dafür zu sorgen, dass du in einem Zustand von Freude und Leichtigkeit bist. Denn alle Zweifel, Sorgen und Ängste sind in Wahrheit nur eine Illusion, die dein Ego versucht aufrechtzuerhalten, damit du bloß nicht deine Komfortzone verlässt. Das ultimative Gegenmittel für diese Illusion ist Freude. Dein Ego hat keine Chance gegen wahre Freude, die tief aus deinem Herzen kommt.

Frage dich jeden Tag: Was kann ich heute tun, um Freude in mein Leben zu bringen? Wem kann ich eine Freude machen? Was lässt mein Herz tanzen?

Du bist ein Geschenk für die Welt

Glaubst du, dass in einem Universum, wo alles bis in die kleinste Zelle aus reiner Intelligenz besteht, du ein Zufall bist? Glaubst du, dass für dich in diesem Raum voller Fülle und unendlich vielen Möglichkeiten kein Platz vorgesehen ist? Glaubst du, dass du – erschaffen aus Sternenstaub – geboren wurdest, um dich in deinem Leben von Zweifeln und Ängsten anstatt von Freude leiten zu lassen?

Falls du bis jetzt so gedacht haben solltest und davon überzeugt gewesen bist, dass es dir an irgendetwas mangelt oder du nicht gut genug sein solltest, um ein außergewöhnliches Leben zu erschaffen, ist heute der Tag gekommen, wo ich diese feste Vorstellung von dir selbst erschüttern muss.

Mit Sicherheit gibt es einen Teil in dir, der ständig an sich zweifelt, sich kritisiert und meint, dass es bei allen anderen besser läuft als bei dir, dass andere besser sind als du. Das ist jedoch kein Teil von dir, mit dem du auf die Welt gekommen bist oder der deiner wahren Natur entspricht. Deine Zweifel und Ängste wurden dir von deinem Umfeld nach und nach unbewusst mitgegeben und haben sich im Laufe deines Lebens verstärkt, als Menschen um dich herum plötzlich angefangen haben, dir zu sagen, wie du zu sein hast, wie du dich zu verhalten hast und wann du geliebt wirst und wann nicht. Plötzlich wurde dein Wert an Zahlen und Noten und deine Liebenswürdigkeit an deinem angepassten Verhalten gemessen. Es kommt der Tag, an dem die äußeren Stimmen und Erwartungen so laut werden, dass wir unsere eigene feine Stimme nicht mehr hören können, die uns weiterhin versucht hat zu sagen: «*So wie du bist, bist du genau richtig! Vergiss niemals, woher du kommst und wer du in Wirklichkeit bist.*»

Die wunderschöne Aufgabe, vor der du jetzt stehst, ist es zu lernen, zu deiner Stimme, zu deiner Wahrheit und zu deinem Ursprung zurückzufinden. Es geht nicht darum, ein anderer Mensch zu werden, im Gegenteil, es geht darum, endlich wieder ganz du selbst zu werden. Auch wenn du dich mit deinem Verstand vielleicht nicht mehr daran erinnern kannst, aber dein Herz weiß, dass es einen Schatz in dir gibt, ein Geschenk, das du für die Welt in dir trägst. Und dass du ein Original bist.

HIGHER-SELF-INSPIRATION
Du bist ein Original und trägst einen Schatz in dir,
der nur von dir selbst geborgen werden kann.

Du kannst heute ein neues Kapitel in deinem Leben aufschlagen und beginnen, deine Geschichte neu zu erzählen. Eine Geschichte, die nicht nur dich selbst, sondern auch alle Menschen, die dir begegnen, inspiriert und ihnen Hoffnung schenkt. Eine Geschichte, in der du dich selbst in einem neuen und kraftvollen Licht siehst, das es dir ermöglicht, Dinge zu erschaffen, die du vorher für unmöglich gehalten hast. Und eine Geschichte, die unabhängig von all den äußeren Bewertungen und vielleicht sogar Abwertungen ist, die du in deinem Leben erfahren hast. Deine Aufgabe ist es, dich mit der Kraft des Universums in Einklang zu bringen und nicht länger deine eigene Größe zu ignorieren, sondern sie auf deine individuelle Art und Weise zum Ausdruck zu bringen. Hierbei geht es nicht um Egoismus, im Gegenteil: Es geht darum, zu verstehen und danach zu leben, dass du die Fähigkeit und die Kraft in dir hast, die Welt um dich herum positiv und nachhaltig zu verändern. Deine Handlungen hinterlassen energetische Fußspuren auf der Welt, die einen Einfluss auf alles andere haben. Genauso, wie der Flügelschlag eines Schmetterlings am Ende der Welt einen Wirbelsturm auslösen kann, kannst du durch deine Handlungen einen Wirbelsturm der positiven Veränderungen in der gesamten Welt anstoßen.

Um deine ganze Größe und dein Original zu entdecken, braucht es ein komplettes Umdenken von deinem Selbstbild. Es ist wie die Transformation von der Raupe zum Schmetterling. Die Raupe kennt die Welt nur von unten, ist eingeengt in ihrem kleinen Körper und hat keine Ahnung, dass sie eines Tages ein Schmetterling sein wird, der seine Flügel ausbreitet und durch die Lüfte fliegt. Ihr bisheriges Selbstbild sieht so aus: *«Ich bin nur eine kleine Raupe, die nicht richtig vorwärts kommt und der keiner so richtig Beachtung schenkt.»* Das Erstaunlichste an der Transformation zum Schmetterling ist, dass Forscher versucht haben, den Prozess zu beschleunigen und der Raupe zu helfen, schneller aus ihrem Kokon zu kommen, indem sie die Öffnung des Kokons etwas aufgeschnitten haben. Als der kleine Schmetterling dann aber durch die vergrößerte Öffnung schlüpfte, konnte er nicht fliegen, weil noch zu viele Reste des Kokons an seinen Flügeln hingen. Der Schmetterling braucht die ganz enge Öffnung des Kokons, durch den er sich durchquetschen muss, um alles hinter sich zu lassen und abzustreifen, was ihn vom Fliegen abhält.

Genauso wenig wie der Raupe, die zum Schmetterling wird, kann uns jemand von außen bei unserem eigenen Transformationsprozess helfen. Es gibt keine Abkürzung, wir alle müssen eines Tages durch diese enge, unbequeme Öffnung, wenn wir in unsere volle Größe kommen wollen. Und nur du ganz allein kannst die Entscheidung treffen, dich aus deinem Kokon zu befreien und alles von dir abzustreifen, was dich bis jetzt kleingehalten hat oder was dich daran hat zweifeln lassen, dass auch du Flügel zum Fliegen hast. Es kann gut sein, dass dieser Prozess deinem Ego Angst macht, weil es nicht weiß, was es auf der anderen Seite erwartet. Es weiß noch nicht, wer du dann eigentlich sein wirst, wenn du nicht mehr zweifelst, wenn du nicht mehr klein denkst, wenn du plötzlich in dein ganzes Strahlen kommst. Zum Glück gibt es da aber auch noch dein Herz, das deinen Weg bereits kennt und das sehnsüchtig darauf wartet, dass du endlich beginnst, dich an deine Herzenswahrheit zu erinnern.

Die meisten Menschen werden nie herausfinden, dass sie in Wahrheit Flügel haben, die sie überall hintragen und dass ihnen jede Tür dieses Universums offen steht. Sie lassen sich von ihren Ängsten und ihren alten Überzeugungen leiten und fürchten den Prozess der Transformation zu sehr. Sie wissen, dass es bedeuten würde, alte Vorwürfe loszulassen und sich selbst voll verantwortlich dem eigenen Leben zu stellen. Diese Verantwortung wirkt im ersten Moment für das Ego abschreckend, weil es niemand anderen mehr für die eigene Unzufriedenheit verantwortlich machen kann. Es gibt plötzlich kein *«Du bist schuld, das …»* mehr oder ein *«Ich kann das nicht, weil …»*. Wenn du dich für ein Leben in deinem vollen Licht entscheidest, gibt es einfach kein *«Ich kann das aber nicht, weil …»* mehr. Es ist das Ende aller Ausreden, aller Selbstvorwürfe und aller Grenzen. Gleichzeitig ist es der wunderschöne Anfang aller Möglichkeiten, aller Freude und aller Schöpferkraft.

Jedes Leben birgt ein Wunder

Es gibt zwei Arten, wie wir unser Leben erzählen können. Entweder als eine Geschichte, die dich selbst und andere inspiriert, oder als eine Geschichte, die dich selbst und alle anderen deprimiert. Weil es gesellschaftlich eher anerkannt ist, zu erzählen, was alles schlecht läuft und nicht, was alles wunderbar läuft, erzählen die meisten Menschen eine deprimierende Geschichte über sich selbst und nutzen jede Kaffeepause oder Party, um sich gegenseitig in ihrem Frust über das eigene Leben zu bestärken. Als ich selbst noch in einem Unternehmen als Managerin gearbeitet habe, konnte ich es manchmal gar nicht glauben, dass es eine regelrechte Konkurrenz darüber gab, wer die unglücklichere Beziehung führte oder wer die heftigere Erkältung hatte. Häufig beinhalten die Geschichten eine Menge guter Begründungen und Erklärungen, warum das eigene Leben sich nicht so entwickelt hat, wie es sich die Person gewünscht, verdient hätte. Falls sich niemand aus der Familie finden lässt, gibt es ja zum Glück immer noch die Politik oder das gesamte System, der, die oder das an der eigenen Misere schuld ist.

Ich habe lange Zeit die Scheidung meiner Eltern als sehr gute Begründung dafür benutzt, dass ich selbst keine echten Beziehungen in meinem Leben zugelassen habe. Ich hatte mir in meinem Kopf alles wunderbar so zusammengelegt, dass es die logische Konsequenz einer gescheiterten Ehe meiner Eltern sein müsste, dass ich es automatisch auch nicht auf die Reihe bekommen würde, eine glückliche und erfüllte Beziehung zu führen. Genauso habe ich mir selbst jahrelang sehr glaubhaft erzählt, dass ich nicht gut mit Geld umgehen kann, weil es in meiner Familie immer ein extrem stressbesetztes Thema und irgendwie nie genug davon da war.

Der Tag, an dem ich erkannte, dass weder meine Beziehungs noch meine Geldprobleme etwas mit meinen Eltern, sondern einzig und allein mit mir und den Geschichten, die ich mir in meinem Kopf zurechtgelegt hatte, zu tun hatten, war der Tag, an dem sich mein Leben schlagartig veränderte. Es war wie eine innere Revolution, die mein Selbstbild komplett auf den Kopf stellte. Mir selbst keine Bullshit-Storys mehr über mein Leben zu erzählen und stattdessen selbst die Verantwortung für alle meine Erfahrungen und Bewertungen dieser Erfahrungen zu übernehmen, öffnete mir die Tür zu einer unfassbaren inneren Kraft. Es war der Moment, in dem ich in Kontakt mit dem Anteil in mir selbst kam, der schon sehr lange darauf gewartet hatte, dass ich endlich aufhörte, mich selbst als ein Opfer meines Lebens zu betrachten, und stattdessen begann, meine Talente, meine Schöpferkraft und meine Begeisterung fürs Leben auszupacken. Heute habe ich nicht nur eine sehr erfüllte und glückliche Beziehung zu meinem Freund, sondern führe auch ein sehr erfolgreiches Unternehmen, das Tausenden Menschen hilft, in ihre Kraft zu kommen.

HIGHER-SELF-INSPIRATION
Starte eine Revolution in dir selbst. Erkenne deine
eigene Schöpferkraft bedingungslos an.

Leben an sich ist bereits ein riesiges Wunder, aber zusätzlich birgt jedes Leben in sich ein weiteres. Dieses Wunder ist ein individuelles Geschenk, eine Gabe oder auch ein Seelenauftrag, der darauf wartet, von dir entdeckt und an die Oberfläche geholt zu werden. Die Indianer sprechen von der *Original Medicine*, einer einzigartigen Medizin für die Welt, die jeder Mensch in sich trägt. Diese einzigartige Medizin ist dein Geschenk für die Welt, das sich nur durch dich entfalten und auch nur durch dich ins Leben geholt werden kann. Ein Geschenk für die Welt zu sein, bedeutet, dass du etwas in dir trägst, was der Welt im positiven Sinne dient. Dieses Geschenk für die Welt ist so individuell, wie es Menschen auf der Welt gibt. Kein Geschenk ist überflüssig oder mehr wert als ein anderes. Jedes Geschenk für die Welt ist wertvoll, völlig egal, was es ist. Was alle Geschenke miteinander verbindet, ist, dass sie im Laufe des Lebens versuchen, sich ihren Kanal durch dich zu suchen und es so viele Momente in deinem Leben geben wird, die rückblickend miteinander verbunden sind und die Erkenntnis zu deinem Geschenk für die Welt in sich bergen. Das Leben wird dir mit einer Vielzahl von unterschiedlichen Erfahrungen dienen, damit du in Kontakt mit deinem Geschenk für die Welt kommst. Du erinnerst dich vielleicht noch an die Brokkoli-und-Spinat-Geschichte? Das Universum wird dir immer wieder jede Menge Brokkoli und Spinat auf deinen Teller legen, bis du in diesen Erfahrungen deinen Sinn findest.

Zu verstehen und zu fühlen, dass du nicht nutzlos oder überflüssig bist, sondern in Wahrheit sogar unentbehrlich für diese Welt, ermöglicht dir, mit der Fülle, der Vollkommenheit und deiner Bestimmung in dir in Kontakt zu kommen. Der Weg dahin ist eine spannende Schatzsuche in deinem Inneren. Um den Schatz zu bergen, musst du Licht auf deine Schatten werfen und beginnen, deinem eigenen Leben und all deinen Erfahrungen eine tiefere Bedeutung zu schenken. Du wirst dich all deinen inneren Dämonen, deinen Selbstzweifeln, deinen Ängsten und deinen alten Überzeugungen stellen müssen. Auf der anderen Seite wartet genau dort auch deine größte Kreativität, deine Schöpferkraft und dein inneres Licht auf dich.

Um ein außergewöhnliches Leben zu erschaffen, musst du dich auf diese innere Reise zu dir selbst begeben und Schritt für Schritt dein Selbstbild stärken. Dein Selbstbild beruht auf der Meinung, die du im Laufe deines Lebens über dich selbst entwickelt hast. Diese Meinung ist jedoch nicht objektiv, sondern vollkommen subjektiv durch deine eigene Wahrnehmung gefärbt. Du bist nicht, wer du denkst zu sein, du bist die Geschichte, die du dir über dich selbst erzählst. Das Gute daran ist, dass sich dein Selbstbild je nach Geschichte, die du erzählst, verändert.

Dr. Wayne Dyer sagte: «*When you change the way you look at things, the things you look at change.*» *(Übersetzt: «Wenn du die Art und Weise, wie du die Dinge betrachtest, veränderst, verändern sich die Dinge, die du betrachtest.»)* Wenn du anfängst, dich selbst in einem neuen Licht wahrzunehmen, wird sich dadurch nicht nur dein Selbstbild verändern, sondern deine komplette Welt. Denn die Welt, die du siehst, ist immer nur ein Spiegel deiner inneren Welt. Du wirst zum Beispiel immer einen Partner in dein Leben ziehen, der dir genau so viel Liebe gibt, wie du in der Lage bist aufzunehmen. Du wirst immer so viel Geld verdienen, wie du glaubst, dass deine Leistung wert ist. Du wirst so viel freie Zeit zur Verfügung haben, wie du meinst, freie Zeit zur Verfügung haben zu dürfen. Egal welchen Lebensbereich du dir ansehen wirst, alle Ergebnisse werden in direkter Verbindung mit deinem eigenen Selbstbild stehen. Alles beginnt in dir selbst.

Es gibt eine sehr kraftvolle Übung, die ich dir gerne zeigen möchte. Mit dieser Übung wird es dir ganz leicht fallen, zu verstehen, was genau ich damit meine, wenn ich sage, dass die Geschichte, die du über dich selbst erzählst, nur eine Möglichkeit von ganz vielen ist, wie du dich selbst sehen könntest.

ÜBUNG: **Deine Lebenslinie**

Für diese Übung brauchst du ungefähr eine Stunde Zeit, einen Ort, an dem du Ruhe hast, einen weißen Zettel und einen Stift. Bitte mache diese Übung unbedingt, bevor du weiterliest. Wenn du bereit bist, zeichne bitte die folgende Grafik auf dein Papier:

Schließe für einen Moment die Augen, und stell dir vor, wie dein Leben rückwärts an dir vorbeizieht und all deine vergangenen Erfahrungen und Erlebnisse vor deinem inneren Auge ablaufen. Du kannst dich dabei entspannen und einfach neugierig beobachten, welche Bilder und Erinnerungen auftauchen. Vielleicht kannst du bei unterschiedlichen Erinnerungen auch unterschiedliche Emotionen wahrnehmen, die du mit diesen Erfahrungen verknüpft hast. Lass deine Erinnerungen bis zu deiner Geburt zurückfließen. Dann öffne deine Augen und beginne damit, zunächst den Moment deiner Geburt auf der unteren horizontalen Linie einzuzeichnen und danach alle Ereignisse, an die du dich erinnern kannst, mit ungefährem Datum und ein bis zwei beschreibenden Worten zu ergänzen. Kennzeichne diese Erinnerungen auf der Linie einfach mit Strichen oder Punkten. Deine Erinnerungen werden ganz automatisch und Stück für Stück wiederkommen. Es geht bei der Übung nicht darum, dass du dich an so viel wie möglich erinnerst, sondern die Momente einzeichnest, die ganz von selbst hochkommen. Wenn du bei «Heute» angekommen bist, gehe noch mal zurück zum ersten Moment, den du eingezeichnet hast, und versuche dich daran zu erinnern, wie es dir in diesem Moment ging. Meistens kommt auch hier direkt eine Emotion hoch, weil wir uns vor allen Dingen an Momente in unserem Leben erinnern, die für uns emotional prägend gewesen sind. Zeichne jetzt im Feld oben ein, wo du dich auf der Vertikalen ungefähr von deinem Wohlbefinden einordnest (ganz unten ist zum Beispiel unglücklich/ängstlich/einsam/verlassen, ganz oben wäre zum Beispiel glücklich/inspiriert/im Flow/geliebt). Zeichne für jeden Moment, den du unten auf der Linie angegeben hast, parallel dazu und anhand der vertikalen Skala oben im Feld ein, wie du dich gefühlt hast. Wenn du wieder bei «Heute» angekommen bist, verbinde alle Punkte im Feld mit einer Linie.

Wahrscheinlich wird bei dir jetzt ein ganz schönes Auf und Ab als Linie entstanden sein, die vielleicht so ähnlich aussieht wie ein Herzschlag auf einem EKG. Auch wenn du kein Arzt bist, weißt du, dass eine komplett gerade Linie auf solchen Geräten bedeutet, dass der Patient tot ist. Große rhythmische Ausschläge aber heißen, dass der Mensch lebt und das Herz schlägt. Genauso ist

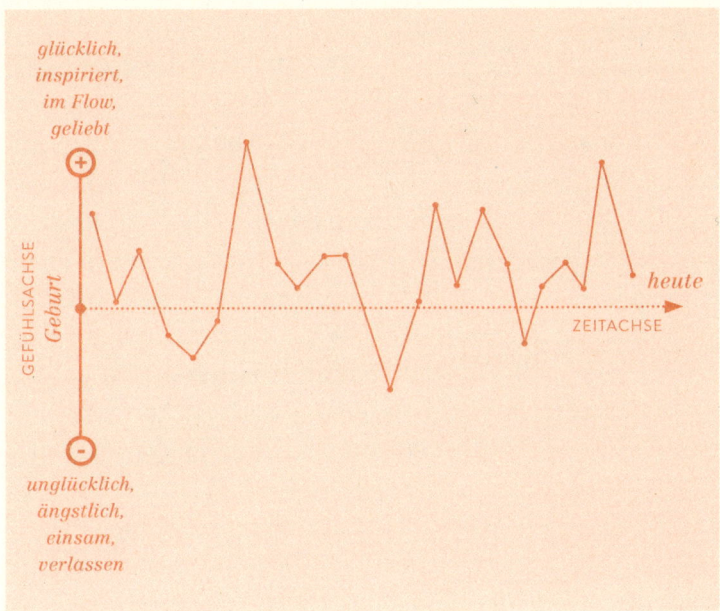

es auch mit deiner Lebenslinie. Es ist nicht der Sinn des Lebens, eine komplett gerade Linie zu haben, denn das würde bedeuten, dass genau gar nichts in deinem Leben passiert ist. Ich habe diese Übung bereits viele hundert Male auf meinen Seminaren gemacht, und ich kann dir versprechen, dass alle Lebenslinien viele Hochs und Tiefs aufweisen.

Wenn du deine Lebenslinie betrachtest, nimm bewusst wahr, wie es sich anfühlt, auf dein bisheriges Leben zurückzuschauen. Bist du dankbar oder enttäuscht? Bist du glücklich oder traurig? Fühlst du dich gestärkt oder geschwächt? Fühlst du dich vom Leben geliebt oder betrogen? Nimm einfach nur bewusst wahr, welche Gedanken, Gefühle und Bewertungen deine Lebenslinie in dir hervorruft. Es gibt hier kein Richtig oder Falsch, sondern nur ein erstes Wahrnehmen und Einfühlen in dich selbst.

Zu leben bedeutet, eine fast unendliche Anzahl an unterschiedlichen Erfahrungen machen zu dürfen. Wir erfahren Liebe, Freude, Lachen, Loslassen und ebenso Schmerz, Enttäuschung, Trauer, Einsamkeit und Verlust. Das ist Leben. Es kann alles, und es darf alles. Jede Erfahrung hat ihre Berechtigung. Jede Erfahrung dient uns dazu, uns selbst besser zu erkennen und so zu unserem Kern und unserer Essenz zurückzukehren. Mit jeder neuen Erfahrung kommen wir diesem näher. Bei den schönen Erfahrungen ist das leicht, weil sie uns automatisch mit der Liebe in uns verbinden. Bei anderen Erfahrungen scheint es manchmal fast unmöglich zu verstehen, warum uns so etwas passiert ist. Aber gerade die tiefen Verletzungen und Enttäuschungen sind es, die unser Herz am weitesten öffnen, weil sie uns zeigen, wie sehr wir in Wahrheit in der Lage sind zu lieben und immer wieder neu zu lieben, ganz egal, wie groß der Schmerz war. Wir heilen, indem wir in unseren dunkelsten Momenten einen Sinn sehen.

HIGHER-SELF-INSPIRATION
Es ist die Bedeutung, die wir selbst unseren
Erfahrungen geben, die uns stärkt oder schwächt.
Wir heilen, indem wir unseren Verletzungen
einen tieferen Sinn geben.

Die Wahrheit ist, dass diese Linie deine ganz persönliche Schatzkarte ist. Sie ist der Weg zu deinen besten Erfolgsstrategien, zu deinen inneren Ressourcen und zu deinem Geschenk für die Welt. Um deine Schatzkarte lesen zu können und all diese Schätze zu bergen, musst du lernen, sie aus der Perspektive deines Higher Selfs zu betrachten.

Dein Higher Self ist der liebevollste und kraftvollste Anteil in dir, der dir dabei hilft, deine Seelenaufgabe zu finden und zu leben. Dein Higher Self hat einen komplett anderen Blick auf dich, auf alle deine bisherigen Erfahrungen und auf deine Fähigkeiten. Es weiß, dass du alles, was du für ein erfülltes und außergewöhnliches Leben brauchst, bereits in dir trägst, aber es weiß auch, dass du dafür ein neues Selbstbild und ein neues Selbstbewusstsein entwickeln musst. Im Gegensatz zum Ego-Modus, der häufig sehr selbstabwertend ist oder aus Angst heraus handelt, zeigt dir dein Higher Self deine Fähigkeiten, die Fülle in dir und deine Verbindung zu einer höheren Kraft, die dich liebevoll durch dein Leben begleitet.

ÜBUNG: **Verbinde dich mit deinem Higher Self**

Schließe für einen Moment deine Augen und entspanne deinen ganzen Körper. Atme tief ein und aus. Beginne, deine Füße, deine Beine, deinen Bauch, deinen Rücken, deine Schultern, deinen Brustkorb, deine Arme, deine Hände und deine Gesichtsmuskeln ganz bewusst zu entspannen, indem du in jede einzelne Stellen deines Körpers tief ein- und ausatmest. Stell dir vor, wie sich mit jedem Atemzug jeder Körperteil noch mehr entspannt und loslassen darf. Erlaube dir, in einen tiefen Zustand der Entspannung zu kommen. Stell dir vor, wie du jetzt an einem wunderschönen Ort in der Natur bist, du hörst vielleicht Meeresrauschen oder Blätter im Wind wehen, spürst die frische Luft und die Sonnenstrahlen auf deiner Haut. Du fühlst intuitiv, dass du hier an einem unglaublich friedlichen und kraftvollen Ort bist, du bist hier sicher und kannst noch tiefer entspannen.
Als du in die Ferne blickst, siehst du, wie eine wunderschöne, weiß-golden schimmernde Gestalt auf dich zukommt. Sie bewegt sich in

ganz gleichmäßigen, ruhigen Schritten und strahlt in ihrem hellen Licht. Als sie vor dir stehen bleibt, erkennst du, dass die leuchtende Gestalt dein Higher Self ist. Es ist der Anteil von dir, der tief verbunden ist mit deiner wahren liebevollen Essenz und der dich aus Augen anblickt, die voller Liebe und Vertrauen sind. Dein Higher Self breitet die Arme aus, und alles um dich herum wird erfüllt mit dem wunderschönen, weißgoldenen Licht. Du gehst auf dein Higher Self zu, und es schließt dich in seine heilenden Arme. Im Moment der Umarmung fließt dein Higher Self in dich über, und du spürst, wie das weiß-goldene Licht sich in deinem Körper ausbreitet und dein Herz mit einer unendlichen Liebe überflutet wird. Du spürst, wie du endlich wieder vollständig wirst, wie du in Kontakt mit einer Fülle und Liebe in dir kommst und sich deine Schwingung erhöht. Jede Zelle deines Körpers strahlt in dem Licht. Du bist jetzt wieder mit deinem Higher Self verbunden. Lächle in dich hinein und begrüße diese wunderschöne Fülle und das Vertrauen in dir. Frage dich, wie sich deine innere und äußere Haltung durch die neue Verbindung mit deinem Higher Self verändert. Was verändert sich vielleicht in deiner Körperhaltung, deiner Mimik oder der Art und Weise, wie du sprichst und denkst? Werde so bewusst wie möglich eins mit der erhöhten Schwingung und dem positiven Bewusstsein, mit dem du über dein Higher Self jetzt verbunden bist. Wenn du ein klares Bild von deinem neuen Bewusstsein hast, nimm einen tiefen Atemzug und öffne deine Augen.

Stimme deinem Leben zu

Nimm dir in den nächsten Wochen ganz bewusst die Zeit, immer wieder auf deine Lebenslinie aus den Augen deines Higher Selfs zu schauen und im ersten Schritt erst mal zu akzeptieren, dass es auch negative Ereignisse in deinem Leben gegeben hat, die dich verletzt haben. Du kannst sie – ohne in die damit verknüpften Emotionen einzusteigen – vor deinem inneren Auge ablaufen lassen und innerlich zu dir sagen und wiederholen: *«Ich stimme dieser Erfahrung zu.»* Dann betrachte die Ereignisse, die bei dir besonders viele Emotionen hervorrufen und frage dich:

Wofür war diese Erfahrung wertvoll? Für welche tiefere Erkenntnis? Für welche Entscheidung? Für welche Klarheit? Wer kannst du heute durch diese Erfahrung wählen zu sein? Was für ein riesiges Liebes-Comeback kann dein Herz dadurch feiern? Welche Erfahrung wartet noch darauf, heilen zu dürfen und einen Sinn von dir geschenkt zu bekommen?

Auf meiner Lebenslinie gab es einen ziemlichen Einbruch zwischen meinem zehnten und vierzehnten Lebensjahr. Damals ließen sich meine Eltern völlig unerwartet scheiden, und meine Mutter ging weg. Mein Vater heiratete kurze Zeit später, und von einem Tag auf den anderen veränderte sich mein komplettes Leben von einer friedlichen Kindheit in ein Gefühl der tiefen Unsicherheit. Ich kann mich daran erinnern, dass ich mich vollkommen in mich zurückzog und mich verlassen, einsam und verloren fühlte. Das Einzige, was mir damals Halt gab, war mein kleines dickes Pony Silva, das ich mit vier Jahren von einem Bäcker geschenkt bekommen hatte, dessen Tochter nicht reiten lernen wollte und der nicht wusste, wohin mit dem Pferd. Für mich war es damals einer der schönsten Tage meines Lebens, als dieses kleine, runde, verstrubbelte Pony in mein Leben kam. Ich liebte es vom ersten Moment an. Ich bin quasi auf dem Rücken von Silva groß geworden, durch die Wälder galoppiert und sogar bis zum Klassenzimmer geritten, vor dem Silva dann draußen auf der Wiese auf mich gewartet hat, bis der Unterricht vorbei war. Wir waren unzertrennlich. Ein halbes Jahr nach der Scheidung meiner Eltern stand das erste große Turnier von Silva und mir an. Ich war unglaublich aufgeregt und putzte ihn den ganzen Morgen, bis er wahrscheinlich zum ersten Mal in seinem Leben komplett sauber war. Ich zog mir meine weiße Turnierhose an und war unglaublich stolz auf mich. Morgens beim Frühstück erinnerte ich meinen Papa an das Turnier und dass er bitte kommen soll, um mich zu unterstützen. Als wir den Frühstückstisch abräumten, stellte ich mich vor einen Kerzenständer, der immer auf unserem Esstisch stand, in dem sechs Kerzen brannten und pustete sie aus. Während der Qualm hochstieg, schloss ich die Augen und wünschte mir, dass mein Papa kommen und zusehen würde, wie ich das Turnier gewinne.

Als das Turnier losging, schlug mir das Herz bis zum Hals. Ich war die jüngste Teilnehmerin und fühlte mich mit meinem kleinen Pony ziemlich fehl am Platz zwischen all den anderen großen Pferden, aber ich freute mich trotzdem, mit Silva zusammen das Turnier zu reiten. Wir ritten in die Halle ein, wo auf der Tribüne das Publikum saß und am anderen Ende die Jury, die uns bewertete. Als Silva und ich starteten, atmete ich tief ein und aus. Wir waren als Erste von allen Reitern an der Reihe. Ich hatte das Gefühl, durch die Halle zu fliegen. Alles war so leicht, und ich fühlte mich wie eine kleine Prinzessin. Für die Siegerehrung stellten sich alle Pferde in eine Reihe mit Blick zur Publikumstribüne, wo die Jury die Sieger vorlas. Ich suchte im Publikum nach einem bekannten Gesicht. Nach meiner Mutter, nach meinem Vater, meinen Brüdern. Es war niemand da. Nur fremde Gesichter, die mich ansahen. Mein Herz wurde in diesem Moment steinhart. Ich spürte, wie mir Tränen in die Augen schossen und mir über die Wangen liefen. Ich hörte die Stimme des Jurymitglieds: «*Der erste Platz geht an Laura Seiler auf Silva.*» Ich bekam einen Pokal in die Hand gedrückt, aber fühlte mich, als ob ich alles, was in meinem

Leben wichtig gewesen war, verloren hatte. Als ich aus der Halle ritt, war ich innerlich leer. Silva schaute mich mit seinen großen Augen an, und ich strich ihm über seine weiße Mähne. Es war das letzte Mal in meinem Leben, dass ich ein Turnier geritten bin.

Es können die unterschiedlichsten Momente in unserem Leben sein, die uns das Herz brechen. Es müssen keine großen Ereignisse oder traumatischen Erfahrungen sein – manchmal ist es nur ein Wort oder Blick oder die Tatsache, dass jemand zu einem bestimmten Augenblick nicht da war –, die in uns etwas verändern und in denen wir das Herz ein kleines Stück mehr verschließen.

Schmerz bleibt nur dann in deinem Leben, wenn die Erfahrung für dich sinnlos bleibt, weil sie dann für dein Wachstum umsonst gewesen ist. In dem Moment, wenn du deinen Erfahrungen einen tieferen Sinn schenkst und dir erlaubst, daran zu wachsen, beginnst du zu heilen und erhältst gleichzeitig den darin verborgenen Schatz der inneren Freiheit. Eine Freiheit, die dir niemand nehmen kann, weil du dein Glück und deine Erfüllung nicht mehr von Ereignissen im Außen abhängig machst, sondern sogar aus deinen größten Krisen Kraft und Weisheit schöpfst.

Es ist ein Prozess des Loslassens, des Anerkennens und Akzeptierens von bestimmten Erfahrungen. Ich habe lange gebraucht, um meiner Erfahrung des Turniers eine neue Bedeutung zu geben. Heute kann ich sehen, wie wertvoll dieser Augenblick für mich war. Ich kann erkennen, dass meine Seele dadurch und durch viele weitere schmerzhafte Erfahrungen, die Erfahrung von Heilung machen konnte. Mein Schmerz führte mich zwar nicht direkt, aber über Umwege zu meinem inneren Licht. Meine Seele war nicht interessiert an einem Leben, dass keine Herausforderungen mit sich bringen würde. Meine Seele wollte das volle Programm. Erst als ich anfing, nicht mehr gegen diese Erfahrungen zu kämpfen und mein Leben nicht länger als unfair zu betrachten, sondern als Geschenk, begann ich, Zugang zu einer unglaublichen inneren Stärke in mir zu bekommen.

Vor kurzem erzählte mir eine Bekannte, dass sie sehr enttäuscht sei und sich verletzt fühle von ihrem Vater, weil er sie während ihres Studiums und ihrer Ausbildung nie finanziell unterstützt habe. Sie war wütend und gab ihm die Schuld dafür, dass ihr Leben so hart wäre. Ich konnte richtig spüren, wie ihre Energie sie selbst komplett runterzog und sie sich immer mehr in ihre Geschichte vom gemeinen Vater reinsteigerte. Als sie eine kurze Pause machte, um Luft zu holen, schaute ich sie an und fragte sie: *«Gibt es noch eine andere Möglichkeit, wie du diese Erfahrung für dich nutzen kannst, anstatt deine ganze wertvolle Energie dafür zu verbrauchen, dich über deinen Vater aufzuregen?»* Auch wenn es offensichtlich nicht das war, was sie in dem Moment von mir hören wollte, konnte ich sehen, wie es in ihr anfing zu arbeiten. *«Eine andere Möglichkeit?»*, fragte sie mich nachdenklich und immer noch ein wenig verärgert. Ich lächelte sie an und sagte: *«Ja eine andere Möglichkeit ... Was war dir zum Beispiel durch diese Erfahrung möglich? Was hast du dadurch gelernt?»* – *«Eine ganze Menge!»*, sagte sie, mit einer Mischung aus Unsicherheit und Stolz, noch unschlüssig, ob sie diese Erkenntnis jetzt gut oder schlecht finden sollte. *«Was denn zum Beispiel?»*, fragte ich. *«Na, zum Beispiel konnte ich dadurch mein Ding machen und war niemandem eine Erklärung schuldig, und ich hab das alles komplett alleine gerockt, ich hab*

mich selbst finanziert, was ja eigentlich ziemlich cool ist.» Jetzt musste sie selbst ein wenig lachen. *«Stimmt»*, stellte sie schließlich fest, *«aus der Perspektive betrachtet, könnte ich ihm fast dankbar sein.»* – *«Nicht gleich übertreiben!»*, sagte ich im Scherz.

Erkennst du dich selbst ein bisschen in dieser Geschichte wieder? Es gibt immer die Möglichkeit, anderen die Schuld zu geben oder ihnen Vorwürfe zu machen. Das ist leicht, aber es bringt nichts außer einer Menge schlechter Gefühle. Genau jetzt ist der richtige Moment, für dich und für dein Glück einzustehen. Glücklich zu sein ist ein Insidejob, das hat nichts damit zu tun, was andere Menschen getan haben. Es ist eine Entscheidung, für die es niemals zu spät ist. Alles, was es dafür braucht, ist deine innere Bereitschaft, über dein Ego hinwegzusehen und Raum für eine neue, kraftvolle und positive Perspektive auf dein Leben zu schaffen.

Je besser es dir gelingt, deine eigene Geschichte aus liebevollen Augen zu betrachten und allen Erfahrungen, die du bisher gemacht hast, zuzustimmen, desto klarer wird sich dir deine Einzigartigkeit und deine innere Kraft offenbaren. Sie ist in deiner Geschichte enthalten und entfaltet sich, wenn du anfängst, dich selbst und dein Leben in seiner Vielseitigkeit anzunehmen. Du wirst in deiner Geschichte deine Berufung erkennen können und was du durch deine Erfahrungen anderen Menschen weitergeben kannst. Keine deiner Erfahrungen in deinem Leben war umsonst, sie alle fügen sich wie Puzzleteile zu einem wunderschönen und einzigartigen Mosaik zusammen.

Jedes Leben ist eine Heldengeschichte und jeder Mensch erlebt seine ganze eigene persönliche Heldenreise. Wir werden vom Leben immer wieder gerufen, um bestimmte Herausforderungen zu meistern, unsere eigenen Dämonen zu besiegen, uns unseren Ängste zu stellen und einen Glauben an uns selbst zu entwickeln.

Wir lernen die Tiefe unseres Herzen kennen, indem wir immer wieder aufgefordert werden, es zu öffnen, nachdem es gebrochen wurde. Wir erkennen unseren inneren Reichtum, wenn wir alles im Außen verloren haben und trotzdem noch Freude empfinden können. Wir lernen in der Einsamkeit, dass wir niemals wirklich allein sind, weil wir in der Stille plötzlich Antworten finden. Es sind die Tiefpunkte in unserem Leben, die unsere größten Kräfte aktivieren. Keine Erfahrung ist gegen dich, jede ist in Wahrheit für dich. Jedes Mal, wenn du dich auf eine Heldenreise begibst, kommst du reicher zurück und nimmst nicht nur für dich etwas mit, sondern auch für alle anderen Menschen. Du wirst ein Lichtbringer, der eine Lösung und Hoffnung mitbringt. Es ist deine Geschichte, und es sind insbesondere die schwierigen Momente, die du überstanden hast, die andere heilen werden.

HIGHER-SELF-INSPIRATION
Dein Leben ist eine Heldengeschichte, mit der du anderen Menschen Licht und Hoffnung schenkst.

HIGHER-SELF-MEDITATION:
Verbinde dich mit deinen Seelenaufgaben

Schließ deine Augen, und atme tief ein und aus. Spüre deine Füße auf dem Boden, entspanne deinen gesamten Körper, komm an bei dir selbst.
Bring deine Aufmerksamkeit jetzt in dein Herz. Du musst gar nichts machen, außer dein Herz zu fühlen. Vielleicht hast du das schon et-

was länger nicht mehr gemacht. Das Zentrum deines Lebens. Spüre deinen Herzschlag. Dein Herz, das über hunderttausendmal am Tag für dich schlägt. Dein Herz, das dein Geschenk für die Welt schon längst kennt. Dein Herz, das sich nichts mehr wünscht, als dass du dich erkennst. Deine Einzigartigkeit, deine Schönheit, deine Kraft. Und bleibe einen Moment bei deinem Herzen, bleibe da, fühl rein. Vielleicht kannst du die Liebe spüren, die dein Herz für dich in dein Leben strömen lässt. So oft suchen wir nach Liebe im Außen, danach, dass uns jemand sagt: Ich liebe dich. Dabei hast du die Quelle in dir. Nur wenn du selber erkennst, wie sehr du geliebt wirst, kannst du es überhaupt hören. Hör auf dein Herz.

Und dann stell dir jetzt vor, wie vor dir eine wunderschöne Lichtbrücke entsteht. Eine Brücke aus einem wunderschönen, weißgoldenen Licht. Und diese Brücke geht vor dir entlang und du spürst, dass diese Brücke, dieses Licht, dich magisch anzieht.

Diese Brücke strahlt. Du gehst jetzt den ersten Schritt auf die Brücke und in dem Moment, wo du diese Brücke betrittst, passiert etwas Magisches um dich herum. Du hast plötzlich das Gefühl, dass die Zeit an dir vorbeifliegt.

Du gehst jetzt auf diese Brücke und fängst an zu laufen, und während du läufst, stellst du fest, dass dein Leben tatsächlich an dir vorbeizieht, dass du deine Vergangenheit an dir vorbeiziehen siehst. Und stellst fest, dass du mit jedem Schritt auf dieser Brücke immer jünger wirst und immer jünger. Mit jedem Schritt wirst du ein Jahr jünger und noch jünger. Und du siehst in dir all die Erfahrungen vorbeiziehen, die du bis jetzt gemacht hast, all die Menschen, die dir begegnet sind. Alles zieht an dir vorbei. Und du läufst auf dieser Brücke entlang, und du läufst und du läufst, und du fühlst dich immer leichter. Jetzt bist du vielleicht schon ein Kind, drei Jahre … zwei Jahre … ein Jahr. Dann siehst du an dir den Moment von deiner eigenen Geburt vorbeiziehen, der Moment, an dem du auf diese

Erde gekommen bist. Du siehst dich kurz als Baby ... und dann gehst du weiter, und du siehst jetzt, wie du im Bauch von deiner Mama gewesen bist. Du gehst noch weiter. Du kommst jetzt an einen Ort, an dem du noch nie gewesen bist mit deinem Kopf, mental, rational – aber es ist ein Ort, den dein Herz kennt. Es ist der Ort, an dem du warst, bevor du auf diese Erde gekommen bist. Es ist der Ort, wo du als Seele gewesen bist. Du spürst, dass du jetzt an einem Ort bist, der so friedlich ist, so schön, so voller Liebe, dass du einfach nur umgeben bist von Licht, von Leichtigkeit, von Wahrheit, von Kraft. Du nimmst dich jetzt selbst als Seele wahr, ohne deinen Körper. Du nimmst wahr, wie du reine Energie bist. Reine Energie. Reines Bewusstsein. Pure Intelligenz. Unendlich.

Erinnere dich jetzt als deine Seele daran, wozu du damals, bevor du in dieses Leben gekommen bist, genau dieses Leben gewählt hast? Um welche Erfahrungen zu machen, hast du gewählt, in genau dieses und kein anderes Leben geboren zu werden? Für welche Erfahrungen hast du gewählt, in diese Familie hineingeboren zu werden, in die du hineingeboren worden bist? Was durftest du als Seele erfahren? Welche Schwierigkeiten hast du dir ausgewählt? Und bitte denke daran, du bist gerade deine Seele. Deine Seele möchte Erfahrungen machen, um sich selbst in dieser menschlichen Erfahrung wahrnehmen zu können.

Wozu hast du dir Herausforderungen gewählt? Wozu Konflikte? Wozu vielleicht sogar eine Krankheit? Wer kannst du dadurch in deinem Leben werden? Verbinde dich wirklich hier mit der Weisheit, dieser unendlichen Weisheit deiner Seele, und erlaube deiner Seele, sich selbst zu erfahren.

Vielleicht kannst du aus diesem Ort, wo du jetzt gerade bist – aus diesem wunderschönen Ort, an den wir auch alle irgendwann wieder zurückkehren als Seele –, erkennen, dass dieses Leben, das du wählen wirst und leben wirst, ein Geschenk ist, dass es Erfüllung ist, dass es

Wachstum ist, dass es ein Ort ist, der dir die Möglichkeit bieten wird, dich selbst wieder zu erkennen als dieses unendliche Bewusstsein.

Bleibe einmal an diesem Ort, bleibe in diesem Gefühl von mein Leben ist FÜR mich. Alle Erfahrungen, die ich machen werde, sind FÜR mich.

Wenn du möchtest, kannst du dir vorstellen, wie deine Seele dich umarmt, wie sie dir eine Umarmung gibt und sagt: «Ich würde nie eine Herausforderung wählen, von der ich nicht wüsste, dass du sie meisterst. Glaube an dich und deine Größe.»

Verabschiede dich jetzt von diesem wunderschönen Ort, der immer für dich da ist. Du kannst hier immer hin zurückkehren. Sieh vor dir wieder diese wunderschöne, weißgoldene Brücke. Stell dir vor, wie du wieder den ersten Schritt auf der weißgoldenen Brücke machst und wie die Zeit jetzt in deine Zukunft läuft. Du siehst den Moment, in dem du geboren wirst, wie du deinen ersten Geburtstag feierst, wie du in die Grundschule kommst und gehst immer weiter die Brücke entlang.

Stell dir vor, wie du jetzt auf dieser Brücke entlang läufst mit der tiefen Überzeugung und dem Wissen, dass dieses Leben FÜR dich ist, dass es etwas gibt, was du mitgebracht hast, dass es eine Weisheit gibt, die du in deinen Erfahrungen finden möchtest. Und ich möchte, dass du dir vorstellst, wie du diese Brücke jetzt entlanggehst und wie du wieder all diese Erfahrungen an dir vorbeiziehen siehst – aber mit einem anderen Gefühl. Mit dem Gefühl von tiefer Dankbarkeit, dass du diese Erfahrungen machen durftest, dass sie von dir gewählt wurden – nicht auf einer rationalen Ebene, sondern auf einer viel tieferen, viel weiseren Ebene. Während du diese Brücke entlanggehst und all deine Erfahrungen an dir vorbeiziehen siehst – vielleicht sogar die schmerzhaften, die traurigen, aber auch die schönen –, möchte ich, dass du mit dieser Frage weiterläufst, mit dieser Frage diese Brücke entlangläufst: «Was kann ich dadurch der Welt geben? Was kann ich durch diese Erfahrungen, diese einzigartigen Erfahrungen, die ich gemacht habe, der Welt zurückgeben?»

Lass diese Frage einfach mit dir mitlaufen, während du diese Brücke überquerst. Was kannst du durch genau dein Leben und deine Erfahrungen in diese Welt mitbringen?

Stell dir vor, wie du jetzt einen Blick in deine weitere Zukunft wirfst und siehst, was sich in deinem Leben verändern wird, wenn du in Verbindung mit deiner Schöpferkraft dein Leben erschaffst. Stell dir vor, wie du deine Einzigartigkeit und dein Licht bedingungslos mit der Welt um dich herum teilst.

Wem kannst du vielleicht helfen, dadurch, dass du eine bestimmte Erfahrung gemacht hast. Wer könnte vielleicht gerade genau das brauchen, was du hast? Wem kannst du dadurch Hoffnung schenken? Wem kannst du dadurch eine Freude machen? Wem kannst du dadurch helfen? Für wen kannst du dadurch da sein? Wen kannst du dadurch inspirieren?

Sieh dich einmal wirklich in der Zukunft, sieh dein zukünftiges Ich, wie es das lebt, wie Er oder Sie dein Geschenk für die Welt lebt. Wie es rausgeht und es feiert. Wie es sagt: «Ich BIN ein Original. Ich bin hier und habe einen Auftrag, und ich höre auf, mich als Opfer meiner Vergangenheit zu sehen, sondern sehe mich als Schöpfer meines Lebens.»

Sieh dein zukünftiges Ich, wie es dein Leben verändern kann, wenn du in Kontakt kommst mit deinem Original, mit deinem Geschenk für die Welt.

Lächle deinem zukünftigen Ich zu, und lass in dir eine grenzenlose Vorfreude auf all das entstehen, was vor dir liegt und was du erschaffen wirst. Kehre langsam zurück in deine Gegenwart, spüre hier noch mal in dich hinein, und wenn du so weit bist, öffne deine Augen und kehre zurück ins Hier und Jetzt.

Lebe deine Berufung

«Der Sinn des Lebens besteht darin,
deine Gabe zu finden. Der Zweck des Lebens ist,
sie zu verschenken.»
PABLO PICASSO.

Drei Fragen, die dein Leben verändern werden

Vor ziemlich genau zwei Jahren saß ich gerade im Flugzeug auf dem Weg nach Bali. Ich hatte meinen Musikmanagementjob gekündigt, vielleicht noch knapp 500 Euro auf dem Konto, eine halbfertige Website, keine Ahnung, wie man ein eigenes Unternehmen aufbaut oder eine Steuererklärung macht.

Ich schaute im Flugzeug aus dem Fenster und genoss den Blick über die Wolken, in Vorfreude auf die Freiheit, die auf mich wartete. Aus einem inneren Impuls heraus holte ich einen Stift und mein Tagebuch aus meiner Handtasche, schlug eine leere Seite auf und legte beides auf den kleinen Ausklapptisch vor mir. Ich schloss die Augen und hörte in mich hinein. Nacheinander tauchten drei Fragen vor meinem inneren Auge auf:

1. *Was möchte ich erschaffen?*
2. *Für wen kann ich durch mein Sein einen Unterschied machen?*
3. *Inwiefern wird die Welt ein anderer Ort sein, weil ich hier gewesen bin?*

Als ich einen Monat später zurück nach Deutschland flog, hatte ich zwar immer noch keine Ahnung, wie man ein Unternehmen aufbaut, eine Steuererklärung macht oder ein Buch schreibt, aber ich hatte meine Antworten auf die drei Fragen und damit eine klare Vision für mein Leben gefunden. Mir war dank der Fragen auf einer tiefen Seelenebene bewusst geworden, dass ich hier war, um ein außergewöhnliches Leben zu erschaffen, in dem ich nach meinen eigenen Werten leben und keine Grenzen mehr akzeptieren würde, die mir von außen auferlegt wurden. Ich spürte den tiefen Wunsch, all das, was ich in den letzten Jahren meiner eigenen Reise gelernt hatte, teilen zu wollen. Ich wollte einen Weg finden, auf dem ich so viele Menschen wie möglich erreichen konnte, um sie wieder für sich selbst und ihre innere Kraft zu begeistern. Mir wurde während meiner Zeit auf Bali klar, welchen Unterschied meine eigene persönliche Weiterentwicklung für mein gesamtes Leben gehabt hatte. Ich konnte sehen, wie ich dank meiner inneren Bereitschaft, heilen zu wollen und mich nicht damit zufriedenzugeben, nicht mein volles Potenzial zu leben, immer mehr zu mir gefunden und alles losgelassen hatte, was mir nicht mehr diente. Alle meine bisherigen Erfahrungen fügten sich zu einem Bild zusammen, in dem alles einen Sinn ergab. Meine Kindheit, meine Erfahrungen, meine Ängste, meine Verletzungen, meine Heilung, genauso wie all meine Nebenjobs, die ich irgendwann mal gemacht habe, oder das Netzwerk von Menschen an meiner Seite, das ich mir über die Jahre aufgebaut hatte. Jedes Teil fügte sich ins nächste, und ich empfand eine unendlich tiefe Dankbarkeit für jede einzelne Erfahrung. Das Leben hatte von Anfang an einen Plan für mich, ich hatte mich nur lange Zeit dagegen gewehrt. Mein Ego wollte nicht eingestehen, dass das Leben auch dunkle Seiten haben darf. Nur solange ich dagegen gekämpft hatte und ich lieber das Leben kontrollieren wollte, als ihm zu vertrauen, war ich blind für meinen Weg. Ich konnte die einzelnen Teile nicht zusammenfügen, weil ich nicht wahrhaben wollte, dass es sie überhaupt gab. Deswegen fühlte ich mich solange unvollständig und verloren.

Erst durch die liebevolle Annahme all meiner bisherigen Erfahrungen und meines ganz eigenen Lebenswegs transformierte sich meine innere Haltung von Schatten hin zu Licht, von Angst und Schwere hin zu Liebe. Diese Liebe war es, die wie eine unendliche Quelle von Inspiration, Freude und Mut in mir begann zu sprudeln. In mir wurde die Stimme so unfassbar laut, mich nie wieder selbst kleinmachen zu wollen, sondern ein Leben zu erschaffen, in dem ich erfüllt und glücklich bin und dadurch den Menschen, die mir begegnen, ebenfalls Zugang zu ihrem inneren Licht zu schenken. Ich entwickelte vor meinem inneren Auge ein kristallklares Bild von allem, was ich in den nächsten Jahren erschaffen würde. In mir entwickelte sich eine richtige Mission, dafür loszugehen, dass Spiritualität, Meditation, Achtsamkeit und persönliche Weiterentwicklung für die meisten Menschen so normal werden wird, wie morgens Zeitung zu lesen oder joggen zu gehen. Es ging plötzlich nicht mehr um mich oder was ich für mein Leben wollte, sondern darum, was ich tun konnte, um das Leben anderer Menschen zu verbessern. Das war der Moment, in dem in mir Kräfte aktiviert wurden, die ich vorher nicht kannte. Ich war plötzlich mit einer gefühlt grenzenlosen Kreativität in mir verbunden und hatte so viele Ideen und Eingebungen, wie ich meine Vision erreichen konnte, dass ich keine Zweifel mehr daran hatte, dass meine Vision möglich wäre.

Es ist für mich in manchen Momenten immer noch unglaublich, was alles in meinem Leben passiert ist, seitdem ich angefangen habe, die Antworten auf meine drei Fragen zu leben. Sie wirken wie ein Super-Manifestations-Beschleuniger für alles, was ich vor meinem inneren Auge gesehen habe.

HIGHER-SELF-INSPIRATION
*Deine Lebensaufgabe zu leben, bedeutet dein
eigenes persönliches größtes Wachstum.*

Was mir damals nicht bewusst war, als ich von Bali mit der riesigen Vision in meinem Herzen wieder zurück nach Deutschland flog, war, dass die eigene Berufung zu leben gleichzeitig mein eigenes größtes Wachstum bedeuten würde. Während der nächsten zwei Jahre würde die Realisierung meiner Vision dazu führen, alle meine Ängste und limitierenden Glaubenssätze an die Oberfläche zu bringen. Egal, welches Projekt ich anfing, ob es das Schreiben eines Buchs, mein Podcast, meine Vorträge oder Onlinekurse waren – die erste und größte Hürde, die ich jedes Mal nehmen musste, waren meine eigenen Zweifel und meine Angst. Aber ich weiß nun rückblickend: Auch wenn es vielleicht anfangs der schwerere Weg ist, seine Lebensaufgabe zu leben, ist es auf jeden Fall der erfüllendere.

Du weißt, dass du deine Berufung gefunden hast, wenn du am liebsten weglaufen würdest, weil du eine so große Angst vor dem nächsten Schritt hast. Sie lässt dich über dich selbst hinauswachsen und wird dich bis zum Schluss fordern, dich selbst wirklich kennenzulernen und alle Barrieren abzubauen, die dich noch von deinem inneren Licht abhalten. Die eigene Berufung zu leben, hat nicht nur etwas mit deinem eigentlichen Beruf zu tun. Sie ist eine Lebenseinstellung und eine innere Haltung, die sich auf alle deine Lebensbereiche bezieht. Sie ist die Entscheidung, die Welt durch dein Licht und deine Freude zu einem besseren Ort zu machen. In Wahrheit musst du deine Berufung nicht einmal suchen. Du musst einfach nur dahin gehen, wo deine größten Widerstände und deine größten Selbstzweifel sind. Es ist eine Illusion zu glauben, dass die eigene Berufung etwas ist, was irgendwann plötzlich an deine Tür klopft und sagt: *«Hey, hier bin ich. Sorry, dass es so lange gedauert hat. Ich wäre dann jetzt so weit.»* Dieser Moment wird nicht kommen. Deine Berufung zu finden, bedeutet nicht einfach, danach zu suchen, was dir besonders leichtfällt. Deine Berufung zu leben, bedeutet, dem Ruf des Lebens zu folgen und nicht vor ihm davonzulaufen. Sie ist die Quintessenz deines eigenen Wachstums und deiner inneren Reise.

Wann immer du in der Zukunft vor einem dieser Schlüsselmomente deines Leben stehst, in denen du weißt, dass eine große Veränderung in deinem Leben bevorsteht und du vom Leben aufgerufen wirst, dich zu zeigen, trau dich, deine Flügel auszubreiten und zu springen. Es wird dich näher zu dir selbst und deiner wahren Essenz bringen.

Entwickle eine Vision für dein Leben

Genauso wie mich, fordert auch dein Leben dich immer und immer wieder auf, aufzuwachen. Aufzuwachen aus deinen eigenen Begrenzung und aus der Illusion, dass es irgendetwas gibt, was du nicht erschaffen könntest. Du bist der Schöpfer deines Lebens. Du bist grenzenlos, weil du in deiner Essenz Geist bist. Du bist vollkommen. Du bist voller Ressourcen und innerer Weisheit. Es gibt niemanden, der dich aufhalten kann, dein Leben nach genau deinen Vorstellungen zu erschaffen – außer dir selbst. Du bist gesegnet mit einer unendlichen Kreativität und mit allen Fähigkeiten, die du für deinen eigenen authentischen Weg brauchst. Lerne, darauf zu vertrauen, dass das Leben ein perfektes Timing hat und sich alles fügt. Dein Leben ist dein Leben, es wartet darauf, von dir erschaffen zu werden, und es wird dir immer genau so viel geben, wie du von ihm erwartest.

HIGHER-SELF INSPIRATION

Das Universum kennt keine Grenzen.
Du begrenzt das Universum durch
deine Erwartungen.

Es gibt keine Begrenzungen, außer denen, die du mit deinen Erwartungen setzt. Je geringer deine Erwartungen sind, desto stärker begrenzt du dich und dein Leben. Je größer deine Erwartungen sind, desto mehr Möglichkeiten lädst du in dein Leben ein. Erkenne deine eigene Schöpferkraft an und werde dir darüber bewusst, dass du alles erschaffen kannst, was du möchtest. Was es dafür natürlich als ersten Schritt braucht, ist die Klarheit darüber, was genau du überhaupt erschaffen möchtest.

Eine Vision zu haben bedeutet, ein inneres Bild deiner Zukunft vor Augen zu haben, das dein Herz auf seiner tiefsten Ebene berührt und das dich inspiriert. Eine Vision zu entwickeln, geht über die normalen Ziele hinaus. Sie ist das Erfüllen deines Lebensplans. Sie zu leben, muss nicht bedeuten, berühmt zu werden oder die ganze Welt zu verändern. Es bedeutet in erster Linie einmal, dich frei zu machen von Erwartungen an dich und deinem Herzen zu folgen. Unsere Seele denkt in Bildern und braucht Bilder, um uns dabei zu unterstützen, unser Leben nach unseren Vorstellungen erschaffen zu können.

ÜBUNG: Entwickle eine Vision für dein Leben

Schließe deine Augen und bringe deine Aufmerksamkeit in dein Herz. Spüre deinen Herzschlag und die Liebe, die von dort in deinen gesamten Körper fließt. Verbinde dich bewusst mit dieser grenzenlosen Energie. Wenn diese Energie eine Farbe hätte, welche Farbe würdest du ihr geben? Tauche ein in das Licht, und erlaube dir, darin zu entspannen. Lass dich von dem Licht nun an einen wunderschönen Ort bringen, an dem du dich sicher und geborgen fühlst. Vielleicht ist es ein Ort, den du bereits kennst, vielleicht ist es ein Ort, der deiner Phantasie entspringt. Vertraue darauf, dass der Ort, der dir erscheint, der richtige ist.

Du schaust dich an diesem Ort um und genießt die positive Energie, die er ausstrahlt. Ein paar Meter von dir entfernt erblickst du einen Tisch, an dem eine ältere, strahlende Person sitzt. Sie trägt wunderschöne Kleider aus hellem Stoff und winkt dich zu sich. Als du vor ihr stehst, siehst du in ihre strahlenden Augen und erkennst dich selbst, nur viele Jahrzehnte älter. Es ist dein zukünftiges, weises Ich, das dich liebevoll anlächelt. Es umarmt dich, und in dem Moment, als sich seine Arme um dich schließen, breitet sich eine wundervolle Ruhe in dir aus. Du setzt dich zu ihm an den Tisch, und ihr lächelt euch an. «Ich freue mich, dass du endlich gekommen bist. Ich habe auf dich gewartet», sagt dein zukünftiges Ich mit seiner warmen Stimme.

Du kannst dein zukünftiges Ich jetzt alles fragen, was du gerne wissen möchtest:

Wie ist dein Leben verlaufen? Was hast du erschaffen? Wofür bist du hier in diesem Leben? Wie geht es dir in deiner Zukunft? Welchen wichtigen Ratschlag hast du für mich?

Höre den Antworten deines weisen Ichs mit dem Herzen zu, ohne sie zu bewerten oder eine bestimmte Erwartung zu haben. Verbinde dich mit deinem ganzen Sein mit deinem zukünftigen, weisen Ich und seiner Kraft. Lass das Gefühl von Urvertrauen in dich und deinen Weg hier wachsen und in alle deine Zellen fließen.

Bleibe so lange bei deinem zukünftigen Ich, wie es sich für dich gerade richtig anfühlt. Wenn du bereit bist, wieder zurück in die Gegenwart zu kehren, verabschiede dich von deinem weisen Ich, bedanke dich für seine Liebe und sei dir sicher, dass dein innerer Mentor ab jetzt immer bei dir sein wird. Er wird dich unterstützen und dir Mut schenken. Wann immer du Angst haben solltest oder an deinem Weg zweifelst, kehre an diesen Ort zurück und lade dich hier auf. Bring jetzt deine Aufmerksamkeit langsam zurück ins Hier und Jetzt, atme tief ein und aus.

Wenn du so weit bist, öffne deine Augen und nimm dir einen Stift und einen Zettel. Versetze dich in dein Higher Self und aktiviere das Urvertrauen deines zukünftigen, weisen Ichs in dir. Stell dir vor, wie du mindestens 100 Jahre alt bist und ein außergewöhnlich glückliches und erfolgreiches Leben erschaffen hast. Stelle dir die Fragen:

1. *Was möchte ich erschaffen haben?*
2. *Für wen möchte ich durch mein Sein einen Unterschied gemacht haben?*
3. *Inwiefern wird die Welt ein anderer Ort sein, weil ich hier gewesen bin?*

Weitere inspirierende Fragen können sein:
Was bedeutet für dich, ein außergewöhnliches Leben zu erschaffen? Auf welche Erfahrungen möchtest du zurückblicken? Wofür sollen dich die Menschen in Erinnerungen behalten?

Welche Projekte möchtest du ins Leben rufen?

Welche Qualität möchtest du in deinen Beziehungen mit deinem Partner, deiner Familie, deinen Freunden erschaffen?

Wie möchtest du dich körperlich und gesundheitlich fühlen?

Welche Reisen möchtest du machen, und welche Orte möchtest du besuchen?

Wem möchtest du gerne helfen, oder wofür möchtest du dich einsetzen?

Wem kannst du durch deine Geschichte und Erfahrungen helfen und Hoffnung schenken?

Welche Menschen möchtest du gerne treffen?

Was möchtest du gerne lernen?

Wie soll deine Lebenslinie am Ende deines Lebens aussehen?

Was darf darauf erscheinen?

Lass die Bilder ganz natürlich in dir entstehen und mache dir so viele Notizen wie möglich. Zeichne auf ein weiteres Blatt Papier eine Tabelle mit drei Spalten und schreibe in die erste Zeile «In den nächsten 3 Jahren», in die zweite Zeile «In den nächsten 10 Jahren» und in die dritte Zeile «In den nächsten 30 Jahren».

In den nächsten 3 Jahren	In den nächsten 10 Jahren	In den nächsten 30 Jahren
…	…	…

Ordne alle deine Notizen in die drei Kategorien ein:

1. Was möchtest du in den nächsten 3 Jahren erschaffen?
2. Was möchtest du in den nächsten 10 Jahren erschaffen?
3. Was möchtest du in den nächsten 30 Jahren erschaffen?

Es spielt überhaupt keine Rolle, wie du deine Vision realisieren wirst, auch wenn dein Verstand dir vielleicht versucht, etwas anderes zu sagen. An dieser Stelle ist es nur wichtig, so ehrlich wie nur irgendwie möglich deinem Herzen zu folgen und die Vision zu entwickeln. Das Wie folgt deinen Träumen ganz von selbst. Es gibt keine Grenzen im Schöpfungsprozess, nur du allein entscheidest, wie viel Fülle und Erfolg du in dein Leben einlädst. Je klarer du dir über deine Herzenswünsche bist und darüber, was du erschaffen möchtest, desto einfacher wird es für dich werden, dieses Leben zu erschaffen.

Nimm dir jetzt ein neues Blatt und übertrage deine Vision in deine Higher-Self-Lebenslinie ein. Zeichne ganz links «Heute» ein und ganz rechts «100 Jahre». Schreibe oben über die Linie den Satz: «Ich bin der Schöpfer meines Lebens!» Markiere dir die 3, die 10 und die 30 Jahre und dann übertrage deine einzelnen Punkte auf deine Lebenslinie.

Blicke nun auf deine Lebenslinie und triff die unerschütterliche Entscheidung, dass du alles in deiner Macht Stehende tun wirst, um genau dieses Leben oder ein noch besseres zu erschaffen. Mache dir bewusst, wie viel Zeit du zur Verfügung hast. Denn wir überschätzen oft, was wir in einem Jahr schaffen und unterschätzen, was wir in zehn Jahren erschaffen können.

ÜBUNG:

**Um deine Vision fest in deinem Unterbewusstsein
zu verankern, empfehle ich dir, ab jetzt jeden Tag
diese beiden Übungen zu machen**

Visualisiere deine Vision

Visualisiere vor deinem inneren Auge, wie du genau diese Erfahrungen machen wirst, die sich dein Herz für dich wünscht. Schließe dafür deine Augen, und stell dir vor, wie du jeden dieser wunderschönen Momente in deiner Zukunft tatsächlich erlebst. Fühle dich mit all deinen Sinnen in diesen Moment in der Zukunft, wenn diese Erfahrung für dich Realität wird. Verbinde dich mit deinem zukünftigen Ich, und lasse eine riesige Freude in dir aufsteigen, darüber, dass du den Mut gehabt hast, deine Schöpferkraft zu leben. Stell dir vor, wie du in all die glücklichen Gesichter von Menschen blickst, die du in deinem Leben berühren wirst und die so dankbar sind, dass du dich dafür entschieden hast, einen Unterschied in dieser Welt zu machen. Werde dir darüber bewusst, dass der wichtigste Moment deines Lebens der Tag gewesen ist, an dem du dich entschieden hast, wieder zu 100 % zu leben und dich der Welt zu schenken. Tauche in das Gefühl von Grenzenlosigkeit ein und spüre die unendliche Schöpferkraft in dir. Bedanke dich bei dir selbst für deinen Mut und deinen Glauben an dich selbst. Verliebe dich in diese wunderschöne Zukunft, und lass das Gefühl von Zuversicht und Vertrauen in jede deiner Zellen strömen. Dann atme noch einmal tief ein und aus. Lächle in dich hinein, und wenn du so weit bist, öffne deine Augen.

Schreibe deine Vision auf

Um deine Vision in deinem Alltag zu verankern und deinem Unterbewusstsein klarzumachen, dass genau das das Leben ist, welches du erschaffen wirst, schreibe alles auf, was du vor deinem inneren Auge gesehen hast und was du erschaffen möchtest. Notiere dir oben auf der Seite ein Datum in der Zukunft, zum Beispiel den 01. 01. 2021, und schreibe deine Vision so auf, als wäre sie bereits Realität. Etwa: «Ich lebe in einer wunderschönen Wohnung mit meinem Traummann und meinen beiden Kindern. Wir haben eine Dachterrasse mit Blick über die gesamte Stadt und wunderschönen Blumen und ganz viel Platz zum Wohnen. Mein Mann und ich haben eine erfüllte und glückliche Beziehung, in der wir uns gegenseitig Raum für unser Wachstum und unsere Träume geben. Ich bin so stolz auf mich, wie ich in den letzten drei Jahren als Mensch gewachsen bin und begonnen habe, mein ganzes Potenzial zu leben. Ich hätte so Vieles von all dem vor ein paar Jahren noch für unmöglich gehalten. Ich liebe es, mit meinem Beruf einen Unterschied für so viele Menschen machen zu können, die mit meiner Arbeit in Berührung kommen, und freue mich auf die Projekte xyz, die ich in diesem Jahr noch realisieren werde. Es tut mir so gut, mehrmals im Jahr mit meiner Familie an die schönsten Orte der Welt reisen zu können und dort neue Kulturen kennenzulernen und meinen eigenen Horizont zu erweitern. Besonders freue ich mich darüber, dass sich ein Buchverlag bei mir gemeldet hat, mit dem ich mein erstes Buch veröffentlichen werde …»
Lies dir diesen Brief an dich selbst jeden Morgen nach dem Aufwachen und jeden Abend vor dem Einschlafen durch. Wenn du am Ende von deinem Brief angekommen bist, wiederhole jedes Mal den Satz: «So oder besser. Danke.»

Sieh deine Zukunft vor dir, so als wäre sie schon längst Realität. Lebe heute bereits in dem Vertrauen, dass sich alles in deinem höchsten Sinne entfalten wird.

Beginne heute

Es kann sein, dass es dir an diesem Punkt vielleicht noch schwer fällt, eine klare Vision für dein Leben zu entwickeln, und du dir die Frage stellst: *Was ist, wenn ich keine Ahnung habe, was die Vision für mein Leben ist?* Die Antwort ist ganz einfach: Mach dich locker und lebe im Hier und Jetzt.

Das Leben findet immer nur in diesem Moment statt, und auch wenn deine Vision ein wichtiger Aspekt ist, um ein außergewöhnliches Leben zu erschaffen, gibt es dennoch eine Frage, die immer Priorität haben sollte: Was kannst du bereits heute tun, um glücklich zu sein?

Es wäre das Rezept für ein frustriertes Leben, wenn du nur für die Zukunft leben und nicht auch dafür sorgen würdest, dass du bereits heute erfüllt bist.

Am besten beginnst du mit einer inspirierenden Vision für deinen Tag. Stell dir vor, dass dein heutiger Tag wie ein eigenes kleines Leben ist. Du wirst morgens neu geboren und bekommst einen ganzen Tag geschenkt, der darauf wartet, von dir erschaffen zu werden. Lass dich von deiner inneren Stimme leiten, und gib deiner Kreativität Raum zu atmen. Wie sähe heute der perfekte Tag aus? Was würde dich glücklich machen? Was möchtest du erschaffen? Was würdest du heute tun, um abends erfüllt ins Bett zu fallen? Was kannst du heute tun, um einen Unterschied in deinem Leben und in dem Leben anderer Menschen zu machen? Welche wichtige Entscheidung kannst du heute treffen? Wenn du beginnst, in die Antworten auf diese Fragen an jedem einzelnen Tag hineinzuleben, wirst du wie von selbst in deine Lebensvision hineinwachsen und sie bereits in der Gegenwart leben. Du wirst nach kurzer Zeit feststellen, dass dein Leben eine ganz neue Qualität bekommt, wenn du beginnst, jedem Tag die Chance zu geben, der schönste Tag deines Lebens zu werden. Plötzlich knüpfst du dein Glück und deine Zufriedenheit nicht mehr an Ereignisse in der Zukunft oder an bestimmte Erfolge, sondern weißt, dass jeder einzelne Tag bereits alles Glück der Welt für dich bereithält. Es gibt absolut keinen Grund, auf irgendetwas zu warten, um glücklich oder erfüllt zu sein. Du bist der Schöpfer deiner Realität, und je bewusster du dir darüber bist, wie du diesen Tag gestalten möchtest, desto schneller wirst du genau das Leben leben, das du dir wünschst.

HIGHER-SELF-INSPIRATION
Jeder Tag ist wie ein kleines Leben.
Erschaffe heute, wovon du für morgen träumst.

KAPITEL 2

Stärke deine Schöpferkraft

———

Werde emotional, emotional
und spirituell frei

Es ist vollkommen normal, dass die Entwicklung der Vision für das eigene Leben erst mal ziemlich einschüchternd und auch beängstigend sein kann. Die Vorstellung, sich aus der gemütlichen Komfortzone rausbegeben müssen, ist vor allen Dingen für deinen Verstand eine absolute Horrorvorstellung. Dein Verstand mag keine Veränderungen. Er ist dafür da, dass du sicher bist und überlebst, ob du dabei glücklich bist oder nicht, ist erst mal zweitrangig. Dabei wird er sehr kreativ, wenn es darum geht, Zweifel zu streuen, ob die Vision jetzt auch wirklich genau das Richtige ist oder nicht doch lieber alles so bleiben soll, wie es ist. Zusätzlich kann es auch sein, dass du noch blockierende innere Überzeugung in dir trägst, die es dir unbewusst schwer machen, dir überhaupt zu erlauben, deine Schöpferkraft zu leben. Vielleicht erinnerst du dich daran, dass ich gesagt habe, dass die eigene Berufung auch immer dein eigenes größtes Wachstum bedeutet, weil dich deine Vision und dein Wunsch nach einem außergewöhnlichen Leben automatisch dazu auffordern werden, alles von dir abzustreifen, was dich bis jetzt davon abgehalten hat, genau diesen Weg zu gehen.

In dem Moment, wenn du die Entscheidung getroffen hast, ein außergewöhnliches Leben erschaffen zu wollen, werden zugleich Fragen in dir aufkommen wie: «*Woher weiß ich, dass das der richtige*

Weg ist?», «Was, wenn ich scheitere?», «Wer bin ich überhaupt, ein au-ßergewöhnliches Leben erschaffen zu dürfen?», «Woher soll ich den Mut nehmen, meine Projekte mit der Welt zu teilen?»

All diese inneren Fragen sind vollkommen normal und sogar wichtig. Sie zeigen dir auf, wo du noch an dir und deiner Schöpferkraft zweifelst und du aktiv Licht hinbringen kannst, um blockierende Glaubenssätze aufzulösen. Denn es sind genau diese Fragen, die die meisten Menschen davon abhalten, loszugehen und ihr Leben nach ihren eigenen Wünschen und Vorstellungen zu leben. Wenn wir sie an die Oberfläche unseres Bewusstseins bringen und sie wahrnehmen, können wir auch beginnen, sie zu verändern. Paradoxerweise sind unsere Ängste und Blockaden auf der einen Seite die größten Killer unserer Träume, aber auf der anderen Seite zeigen sie uns auch den direkten Weg für unsere Heilung. Sie helfen uns, zur Liebe zurückzukehren, die immer auf der anderen Seite der Angst auf uns wartet. Denn Liebe ist, womit wir geboren werden und Angst, was wir erst später lernen. Wenn wir bereit sind, unsere Schatten anzusehen und uns mit unseren inneren Dämonen anzufreunden, öffnet sich ein Raum für Heilung in uns.

HIGHER-SELF-INSPIRATION
Ängste und Zweifel zeigen dir, wo du
noch Blockaden gegen die Liebe in deinem
Leben aufrechterhältst.

Es ist unserer eigener Widerstand gegen Veränderungen, der es den Zweifeln und der Angst bisher ermöglicht hat, bestehen zu bleiben. Wenn du den Widerstand gegen deine Ängste aufgibst, werden auch sie aufgeben. Angst ist nichts anderes als die Erwartung von Schmerz. Es ist die Projektion von einer negativen Vision oder einer negativen Vorstellung in die Zukunft, die uns Angst macht. Dabei geht es im Leben überhaupt nicht darum, Schmerz zu vermeiden, sondern zu lernen, auch Schmerz in das eigene Leben zu integrieren und ihm zu erlauben, uns als Mensch wachsen zu lassen. Das größte Problem in dem eigenen Entwicklungsprozess ist das menschliche Verlangen nach sofortigen guten Gefühlen und die mangelnde Bereitschaft, erst einmal durch die Dunkelheit zu gehen, um das Licht zu finden. Wir glauben, wenn wir uns nicht sofort gut fühlen, dass wir etwas falsch machen oder dass es nicht der richtige Weg ist. Es sind gerade die kleinen Tode, die unser Ego durch unsere eigene Entwicklung stirbt, die zu unserer emotionalen und mentalen Befreiung führen. Es gibt im Außen nichts, was wir zu fürchten haben. Der eigentliche Drache, den wir zähmen müssen, ist der in uns selbst. Ich kann dir aus eigener Erfahrung sagen, dass die größten inneren Zweifel häufig der beste Hinweis darauf sind, dass du genau auf dem richtigen Weg bist. Das Leben wird so viel leichter, wenn du aufhörst zu warten, bis du dich endlich gut oder bereit fühlst, um eine bestimmte Entscheidung zu treffen oder um etwas in deinem Leben zu verändern. Nimm deinen Ruf vom Universum an, auch wenn du noch nicht genau weißt, wie der Weg sein wird. Öffne dich für das Abenteuer deines Lebens.

Es gibt eine wundervolle kurze Geschichte, die zeigt, wie unser Ego versucht, uns häufig sehr erfolgreich davon abzuhalten, dort hinzugehen, wo der Schatz eigentlich verborgen liegt:

Unter einer Straßenlaterne steht ein Betrunkener und sucht und sucht. Ein Polizist kommt daher, fragt ihn, was er verloren habe, und der Mann antwortet: «Meinen Schlüssel.»
Nun suchen beide.
Schließlich will der Polizist wissen, ob der Mann sicher ist, den Schlüssel gerade hier verloren zu haben, und jener antwortet: «Nein, nicht hier, sondern dort hinten – aber dort ist es viel zu finster.» (Aus: «Anleitung zum Unglücklichsein» von Paul Watzlawick.)

Die Kunst des Manifestierens

Vor zwei Jahren war ich mit meiner wundervollen Freundin Victoria in Italien. Wir hatten uns einige Zeit vorher in den USA kennengelernt, wo wir zusammen an der University of California Berkeley studiert hatten und seitdem immer in Kontakt geblieben waren. Victoria arbeitete neben ihrem Studium beim Fernsehen und hatte mir angeboten, mich dabei zu unterstützen, den Trailer für mein neues Onlineprogramm zu drehen. Spontan hatten wir uns entschieden, nach Italien zu fliegen und dort in einer alten Finca die Aufnahmen zu machen. Sie war ein Jahr vorher Mama von ihrer kleinen Tochter geworden, und während wir abends am Meer spazieren gingen und die warme italienische Meeresluft genossen, erzählte sie mir, dass sie eine Methode herausgefunden hatte, mit der es ihr gelang, dass ihre kleine Tochter nachts durchschlief. Begeistert erzählte sie mir von ihrer Idee, auch anderen Müttern und Vätern mit dieser Methoden helfen zu wollen, während der ersten zwei Jahre nach der Geburt genug Schlaf zu bekommen und entspannt durch diese oft sehr anstrengende Anfangszeit zu kommen. Ihre Augen leuchteten voller Freude, als sie mir von ihrer Vision erzählte und ihrem Wunsch, damit andere Menschen unterstützen zu können. Gleichzeitig konnte ich auch fühlen, wie in ihr noch tausend Zweifel waren, wie sie damit überhaupt starten sollte. Sie fragte sich, ob es vielleicht nur eine Schnapsidee und ob sie dafür überhaupt die Richtige wäre. Ich spürte förmlich ihre innere Zerrissenheit zwischen der Begeisterung und Freude für ihr Thema und auf der anderen Seite die Angst davor, in diese ungewisse Zukunft zu gehen.

In den drei Tagen, die wir zusammen in dem Haus in Italien waren, drehten wir tagsüber den Trailer und nutzten die Zeit abends, um einen Plan für sie zu entwickeln. Wir überlegten uns, was erste Schritte sein könnten, womit sie einfach direkt schon loslegen könnte und was langfristig ihre genaue Vision ist. Als wir am dritten Tag zurück nach Deutschland flogen, hatte sie zwar immer noch Zweifel, ob und wie sie das alles umsetzen würde, aber sie hatte auch die klare innere Entscheidung getroffen, dass sie es versuchen wollte. Als ich vor kurzem für einen Vortrag in Köln war, besuchte ich Victoria zu Hause. Heute, zwei Jahre später, hat sie bereits ihre zweite süße Tochter und hat ihr eigenes kleines Business aufgebaut, bei dem sie genau das macht, was sie damals bei unseren Strandspaziergängen vor Augen hatte. Sie hat einen Podcast für junge Eltern gestartet und ein eigenes Konzept entwickelt, durch das sie ihre Methode für einen glücklichen Babyschlaf an Eltern weitergibt.

Da du gerade dieses Buch liest, weiß ich, dass auch du Träume und Visionen hast, die du gerne realisieren möchtest. Ich weiß, dass du schon längst intuitiv spürst, dass es eine positive Kraft in dir gibt, die dich dabei unterstützt, dein Leben nach deinen Vorstellungen zu erschaffen. Wahrscheinlich kennst du aber auch die Zweifel, Sorgen und Ängste, die beinahe automatisch in dir hochkommen, wenn es darum geht, tatsächlich ans Umsetzen zu kommen. Plötzlich stellen sich dir eine Million Fragen, die alle auf einmal eine Antwort wollen, und wenn wir in diesem inneren Prozess nicht aufmerksam sind, kann die Angst vor einer falschen Entscheidung lähmend sein und bis zu dem Punkt führen, an dem wir uns selbst davon überzeugt haben, dass es nicht funktionieren wird.

Die Wahrheit ist, dass deiner Schöpferkraft außer deinen Sorgen, Zweifeln und Ängsten nichts im Weg steht. Sie ist immer vorhanden. Zu manifestieren ist der natürlichste Schaffensprozess der Welt. Es ist unsere Fähigkeit, feinstoffliche Energie (Gedanken und Gefühle) in grobstoffliche Energie (Materie) zu verwandeln. Es ist diese magische Kraft in dir, die es dir erlaubt, Ideen, Gedanken und Wünsche aus deinem Bewusstsein in der äußeren Welt entstehen zu lassen. Alles, was heute in deinem Leben ist, alles, was du besitzt, was du jeden Tag tust, wie du lebst – all das ist das Ergebnis deines eigenen Schöpfungsprozesses, an dessen Anfang immer ein Gedanke steht. Nichts in unserer Welt existiert, ohne dass es nicht vorher gedacht worden ist.

Durch unsere Zweifel, Ängste und negativen Gedanken blockieren wir unsere Schöpferkraft. Wir setzen unsere negativen und ängstlichen Gedanken unbewusst ein, um uns einzuschränken oder um uns vom Handeln abzuhalten. Du kannst nicht nicht erschaffen. Du bist konstant und in jedem Augenblick über deine Gedanken, Gefühle und Handlungen aktiv im Schöpfungsprozess beteiligt. Jeder Gedanke, jedes Gefühl und jede Handlung hat eine schöpferische Energie. Angst, Zweifel und Sorgen führen zur Manifestation von noch mehr ähnlich gearteter Energie. Du wirst Erfahrungen machen, die dich noch mehr verunsichern und zweifeln lassen, weil dein gesamter Fokus auf diese Erfahrungen, auf diese Art und Weise zu denken, ausgerichtet ist. Genauso funktioniert es andersherum. Wenn du in Freude, Leichtigkeit und Liebe denkst, fühlst und handelst, wirst du Erfahrungen in dein Leben ziehen, die genau diese Energie noch weiter verstärken werden. Gleiches zieht immer Gleiches an. Angst zieht Angst an, und Liebe zieht noch mehr Liebe an. Um also deine Visionen, deine Träume, dein Wunschleben erschaffen zu können, musst du alle inneren mentalen und emotionalen Blockaden abbauen, die dich bis jetzt davon abgehalten haben, deine Manifestationskraft für dich einzusetzen und deinen Fokus von Angst hin zu Liebe zu verändern.

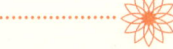

HIGHER SELF-INSPIRATION
Manifestieren zu können, ist eine ganz natürliche menschliche Fähigkeit, genauso wie gehen oder sprechen zu können.

Stelle alle Zweifel, Sorgen und negativen Gedanken in Frage, wenn sie nicht das als Ergebnis in dein Leben bringen, was du möchtest. Zu erkennen und zu verstehen, inwiefern wir selbst unser Schicksal durch unsere Gedanken und Handlungen prägen, ist die Grundlage, um ab jetzt genau das in deinem Leben zu manifestieren, was du gerne erschaffen möchtest.

Es gibt einen Unterschied zwischen sich etwas *wünschen* und in Wahrheit an der Verwirklichung zu zweifeln, und zu *wissen*, also keinen Zweifel daran zu haben, dass du genau diese Fähigkeit hast, alles in deinem Leben zu manifestieren, was du gerne erschaffen möchtest. Genauso wie du laufen, sprechen oder schwimmen kannst und diese Fähigkeiten niemals anzweifelst, genauso hast du die Fähigkeit zu manifestieren. Es ist eine natürliche Fähigkeit, die zu dir gehört.

Genauso wie gehen oder sprechen zu lernen, ist auch Manifestieren eine Kunst, die gelernt werden will. Um diese Kunst perfekt zu beherrschen, ist es vor allen Dingen wichtig, deine eigene Energie zu erweitern und die Blockaden aufzudecken und aufzulösen, die deine Energie bis jetzt nicht haben frei fließen lassen. Denn Manifestieren ist letztlich nichts anderes als die Umwandlung von feinstofflicher in grobstoffliche Energie. Je mehr Energie du zur bewussten Verfügung hast, desto leichter wird es dir fallen, auch bis jetzt vielleicht noch undenkbare Dinge in deinem Leben zu realisieren.

Die sieben größten Energieblockaden deiner Schöpferkraft

Es gibt sieben Hauptebenen, auf denen unsere Schöpferkraft blockiert sein kann und wo sich die Blockaden durch unterschiedliche innere Überzeugungen und limitierende Glaubenssätze oder Verhaltensmuster zeigen. Wahrscheinlich wirst du dich in manchen Ebenen besser und in anderen weniger gut wiederfinden können. Es ist völlig normal, im Laufe des eigenen Lebens die ein oder andere energetische Blockade aufgebaut zu haben. Das Wichtigste ist an dieser Stelle, sich selbst ehrlich auf dieser inneren Reise zu reflektieren und offen gegenüber all dem zu sein, was auf der anderen Seite der Angst auf dich wartet. Denn je schneller wir die eigenen Blockaden erkennen und annehmen, umso schneller können wir sie auch auflösen und loslassen.

Bei jedem neuen Projekt, das ich bisher verwirklichen wollte, oder bei jeder neuen Herausforderung, die sich mir auf meinem Weg gezeigt hat, wurde ich immer wieder mit meinen mentalen Grenzen konfrontiert und vom Leben aufgefordert, sie anzusehen und loszulassen. Das ist das wertvolle Geschenk, das die Verwirklichung unserer Träume mit sich bringt, es zwingt uns, wirklich hinzuschauen und allen alten Ballast und alles, was uns bisher kleingehalten hat, endgültig loszulassen. Die eigenen Visionen zu verwirklichen, ist in Wirklichkeit vielmehr ein innerer Reinigungsprozess und eine schrittweise Rückkehr zu der eigenen Essenz als das Erreichen von irgendwelchen Zielen.

1. EBENE
Urvertrauen vs. Angst

Die erste Ebene, auf der die Manifestationskraft blockiert sein kann, ist die Ebene des Urvertrauens. Ein gesundes Urvertrauen zu haben, bedeutet, dir selbst, anderen Menschen und dem Leben gegenüber mit einem guten und positiven Gefühl gegenüberzutreten. Es ist unser natürlicher Zustand, mit dem wir auf diese Erde kommen, der aber häufig durch negative oder auch traumatische Erfahrungen erschüttert werden kann. Wenn du im Urvertrauen bist, fühlst du dich mit dir und dem Leben tief und sicher verbunden, du weißt, dass du hier in diesem Leben eine Daseinsberechtigung hast. Wenn dieses Urvertrauen erschüttert wurde, treten an dessen Stelle unsere größten Ängste. Die Angst vor dem Alleinsein, vor Trennung oder vor Versagen. Das Ego wird hier deine ganze Energie darauf verwenden, dich zu schützen und dafür zu sorgen, dass du auf gar keinen Fall ein Risiko eingehst. Ein gesundes Urvertrauen aufzubauen und in sich zu stärken, ist die Basis für eine frei fließende Energie auf alle anderen Ebenen. Typische innere Zweifel und Gedanken bei einer Blockade auf der Ebene des Urvertrauens sind:

«Ich habe es nicht verdient, ein außergewöhnliches Leben zu erschaffen.»
«Niemand wird sich dafür interessieren, was ich tue.»
«Ich habe Angst zu scheitern.»
«Wer bin ich denn schon, dass ich meine Träume wirklich leben dürfte?»
«Ich glaube nicht daran, dass ich es schaffen werde.»

Wenn dir einer dieser Sätze bekannt vorkommt und sich gelegentlich in deine Realität einschleicht, können dir diese zwei Schritte dabei helfen, nach und nach wieder ein gesundes Urvertrauen aufzubauen und Blockaden auf dieser Ebene zu lösen, um deine Energie hier wieder ganz frei fließen lassen zu können.

HIGHER-SELF-ÜBUNG (SCHRITT 1):
Heile den verletzten Anteil in dir

Ich kann dir versichern, dass ich jeden einzelnen dieser Sätze schon sehr oft in mir selbst gehört habe – manchmal so laut, dass ich für alles andere wie taub gewesen bin. Ich kenne das beengende Gefühl, das diese Sätze in einem auslösen können. Was mir geholfen hat, sie aufzulösen und friedlich gehen zu lassen, war, zu erkennen, dass sie überhaupt nichts mit der gegenwärtigen Situation zu tun gehabt haben, sondern dass sie ihren Ursprung in der Vergangenheit haben und auch genau dorthin gehören. Sie sind Hinweise unserer Seele, dass es dort noch einen Moment in unserer Geschichte gibt, den wir noch nicht integriert und den wir vielleicht noch nicht verarbeitet haben. Manchmal kann es sogar sein, dass der Ursprung von diesen Sätzen bis in unsere frühe Kindheit zurückreicht. Vielleicht kannst du dich noch an die Geschichte von mir und dem Turnier mit meinem Pony erinnern? Das war ein solcher Moment, in dem in mir der Satz entstanden ist: «*Erfolg tut weh und fühlt sich einsam an.*» Lange Zeit hat dieser Satz in meinem Leben dazu geführt, dass ich unter dem Radar geflogen bin, dass ich unter keinen Umständen auffallen wollte und ich mit aller Kraft versucht habe, Erfolg zu vermeiden. Erst durch die klare, innere Entscheidung, andere Menschen unterstützen zu wollen, sie für ihre Einzigartigkeit begeistern und die Erfahrungen meiner eigenen persönlichen Weiterentwicklung teilen zu wollen, zeigte mir die Blockade auf, die diese negative innere Überzeugung in meinem Leben darstellte. Weil mein Wunsch, anderen Menschen zu helfen, so viel größer war, als länger in meiner Angst zu bleiben, begann ich, eine Blockade nach der anderen abzubauen. Ich wusste intuitiv, dass das Auflösen dieser Blockaden der einzige Weg war, um meine Vision verwirklichen zu können. Auf diese Art hat meine Vision mir geholfen, mich selbst wieder als der vollständige Mensch wahrzunehmen, der ich in Wahrheit die ganze Zeit über gewesen bin.

Da die Blockaden auf der Ebene des Urvertrauens ihren Ursprung in unserer Vergangenheit haben, ist es eine sehr kraftvolle und effektive Übung, den Moment zu vervollständigen, in dem das Urvertrauen ursprünglich verletzt worden ist. Wenn du die Bewertung, die du dem Ereignis oder der Erfahrung gegeben hast, in deinem Unterbewusstsein veränderst und neu beschreibst, kannst du die damit verbundene energetische Blockade auflösen.

HIGHER-SELF-MEDITATION:

Schließe deine Augen, und spüre in dich hinein. Welcher Satz blockiert dich auf der Ebene des Urvertrauens? Lass ihn vor deinem inneren Auge auftauchen. Nimm wahr, welche Gefühle diese Worte in dir auslösen und wie sich dieser Satz in deinem Körper anfühlt. Sieh dir diesen Satz an, und vielleicht kannst du wahrnehmen, dass dich diese Worte schon eine sehr lange Zeit in deinem Leben begleitet haben. Lasse dich jetzt von deinem höchsten und liebevollsten inneren Anteil in den Moment in deiner Vergangenheit bringen, als dieser Satz in dein Leben getreten ist. Du kannst dir vorstellen, dass dein höchster und liebevollster innerer Anteil, dein 80-jähriges Ich ist oder eine andere Figur, die sich für dich als innerer Ratgeber richtig anfühlt. Fühle dich in den Augenblick ein, in den dich dein innerer weiser Anteil geführt hat. Nimm wahr, was genau damals passiert ist, was dich in deinem Urvertrauen erschüttert hat. Stell dir vor, du könntest diesen Moment noch mal wie einen Kinofilm vor deinem inneren Auge ablaufen lassen. Sei dir bewusst, dass du jederzeit wieder aus dieser Situation aussteigen kannst, sie ist nur eine Erinnerung. Sieh dich selbst als kleines Kind, und nimm wahr, wie es dir in diesem Moment gegangen ist.

Stell dir vor, wie du jetzt gemeinsam mit deinem höchsten und liebevollsten inneren Anteil zu dir selbst als kleines Kind gehst und es liebevoll in den Arm nimmst und festhältst. Schenke deinem inneren Kind alle Liebe, Zuneigung und alles Vertrauen, das es jetzt braucht. Hülle es ein in ein Meer aus Liebe und Licht. Lege deine Hand auf das Herz von deinem inneren Kind, und stell dir vor, wie ein wunderschönes goldenes Licht in den kleinen Körper fließt und dein inneres Kind wieder zurück in seine ganze Kraft kommt. Es schaut dich jetzt ganz offen an und lächelt dich an. Es versteht, dass du gekommen

bist, um ihm zu sagen, dass es immer geliebt wurde. Sprich jetzt die
folgenden Sätze für dein inneres Kind:
«Du bist unendlich wertvoll und bist über alles geliebt.
Alles, was du brauchst, trägst du bereits in dir.
Ich bin immer bei dir.
Ich liebe dich.»
Dann sieh dich gemeinsam mit deinem inneren weisen Anteil und
deinem inneren Kind zusammen in diesem Moment um. Spüre, wie
deine Füße fest auf dem Boden stehen, wie du mit der Erde verbun-
den bist und sage laut:
«Dieser Moment ist für mich vollständig. Ich nehme aus diesem
Moment eine innere Kraft in meine Zukunft mit und erlaube dieser
Erfahrung, meinem inneren Wachstum dienen zu dürfen. Danke.»
Dann verabschiede dich liebevoll von deinem inneren Kind, das jetzt
ganz entspannt und vollkommen in seiner ganzen Kraft neben dir
steht und dich anlächelt. Du kannst jederzeit zu deinem inneren
Kind zurückkehren und ihm Liebe bringen.
Kehre gemeinsam mit deinem weisen, inneren Anteil zurück in den
gegenwärtigen Moment. Bedanke dich bei dem weisen, inneren An-
teil für seine Führung. Nimm einen tiefen Atemzug, lächle in dich
hinein, und wenn du so weit bist, dann öffne deine Augen.

HIGHER-SELF-ÜBUNG (SCHRITT 2):
Fokussiere dich auf die Liebe und nicht auf die Angst

Du wirst direkt nach dieser Meditation vielleicht schon spüren,
wie sich in dir etwas geshiftet hat und wie durch die Lösung der
Blockade eine neue Perspektive auf dich und deine Schöpferkraft
entsteht. Vielleicht kannst du sogar spüren, wie wieder mehr
Raum für Liebe in dir entstanden ist. Erlaube dir ab jetzt, deine

gesamte Aufmerksamkeit auf die Fülle und Freude in deinem Leben zu richten. Wenn wieder Selbstzweifel auftauchen sollten, beantworte dir die folgenden Higher-Self-Fragen:

Wer wird alles davon profitieren können, wenn ich glücklich, erfüllt und erfolgreich bin?
Wem kann ich durch meine Geschichte und meine Erfahrungen helfen?
Wie kann ich mehr Liebe und Licht in diese Welt bringen?

Diese Fragen eröffnen dir die Möglichkeit, dich selbst in einem anderen Licht zu sehen, und helfen dir dabei zu erkennen, wie viel du bereits in dir trägst, das der Welt helfen kann. Durch diese Fragen gibst du Handlungen und deiner Vision automatisch einen höheren Sinn, weil deine Handlungen nicht nur deinen eigenen persönlichen Erfolg zum Ziel haben, sondern du dich als einen Teil des Großen und Ganzen erkennst. Dieser höhere Sinn wird immer stärker sein als die Angst deines Egos.

Richte deine Aufmerksamkeit bei jedem Ziel, das du hast, immer auch darauf, inwiefern dadurch nicht nur du selbst, sondern auch die Menschen um dich herum, die Natur und vielleicht sogar die gesamte Welt profitieren werden. Durch diese innere Haltung kommst du in Kontakt mit einem inneren Anteil in dir, der größer ist als dein Ego. Wenn du dich selbst als ein Teil von allem erkennst, verbindest du dich auf einer tieferen Ebene mit der universellen und göttlichen Intelligenz, die durch dich hindurchfließt und die die Ängste vor Ablehnung oder Scheitern auflöst. Es ist der Shift vom Ego zu deinem Higher Self. Dein Ego wird immer fragen: «*Was kann ich haben?*», während dein Higher Self fragt: «*Was kann ich geben?*»

Eine wunderschöne und kraftvolle Affirmation, die du nutzen kannst, um dein Urvertrauen zu stärken, ist:

Ich bin ein Teil des Universums, und das Universum ist ein Teil von mir. Ich bin hier willkommen, und ich trage alles, was ich brauche, bereits in mir.

2. EBENE
Kreativität vs. Vergleichen

Die zweite Ebene, auf der Blockaden auftreten können, sind unsere Kreativität und der Mut, unsere Einzigartigkeit zum Ausdruck zu bringen. Auf der einen Seite haben wir unsere Vision, unsere Wünsche und Träume, aber auf der anderen Seite vergleichen wir uns ständig mit anderen Menschen.

Typische innere Zweifel und Gedanken bei einer Blockade auf der Ebene der Kreativität sind:

«Das kann jemand anderes besser!»
«Die Idee gibt es bestimmt schon längst …»
«Bei XY sieht das so toll aus! So werde ich es bestimmt nie hinbekommen.»
«Dass XY so erfolgreich und so glücklich ist, ist ja klar, weil sie es bestimmt viel leichter gehabt hat als ich.»
«Ich glaube nicht daran, dass das bei mir auch klappt.»
«Ich selbst habe nie so gute Ideen.»

Auch hier kann ich dir versichern: Es ist vollkommen normal, diese Gedanken zu haben. Unser Ego ist ziemlich smart, wenn es darum geht, uns davon abzuhalten, aus unserer Komfortzone raus-zugehen und unsere Träume zu realisieren. Es wird automatisch anfangen, Ausreden zu suchen und zu finden, warum es vielleicht bei allen anderen klappen kann, aber bei dir nicht. Eine der wich-tigsten inneren Veränderungen in mir war es, aufzuhören, mich zu vergleichen und aufzuhören, mir irgendwelche bescheuerten Aus-reden zurechtzulegen, warum ich nicht losgehen kann. Verglei-chen ist aus den unterschiedlichsten Gründen das Hinderlichste, was wir in unserem eigenen Schöpfungsprozess tun können. Zum einen lenken wir unsere Aufmerksamkeit – das heißt unsere ge-samte Energie – zu einem anderen Menschen und somit weg von uns selbst. Zum anderen hindern wir uns dadurch daran, in Kon-takt mit unserem eigenen Geschenk für die Welt zu kommen, weil wir dermaßen mit den Geschenken der anderen beschäftigt sind. Dabei wissen wir in Wahrheit überhaupt nichts über den Weg des anderen. Wir wissen nicht, was die Reise und Seelenaufgabe dieses Menschen ist. Wir wissen nicht, was er oder sie vielleicht schon durchstehen musste, und vor allen Dingen wissen wir nie, ob die-ser Mensch sich nicht selbst wiederum die ganze Zeit mit anderen vergleicht und auch nur versucht, geliebt und gesehen zu werden. So rennen wir dann manchmal einer Möhre von jemand anderem hinterher, der in Wahrheit selbst auch gar keine Möhre hat, und verpassen unser gesamtes eigenes Leben.

Ich habe mich jahrelang mit anderen Menschen verglichen. Mein Ego hat dann Sätze gedacht wie zum Beispiel: «*Sie ist ja auch schon zehn Jahre älter als ich, deswegen ist sie wahrscheinlich so gut in dem, was sie tut.*» Oder, je nachdem, wie es für mein Ego gerade ge-passt hat, auch: «*Sie ist ja auch noch zehn Jahre jünger als ich, deswegen ist sie wahrscheinlich so locker in dem, was sie tut.*» Oder auch immer gerne gewählt: «*Ihre Geschichte ist ja auch viel heftiger als meine. Das ist ja dann viel einfacher für sie, so viele Menschen damit zu begeistern.*»

Auch hier, je nachdem, wie es meinem Ego gerade half, sich besser zu fühlen: «*Ihre Geschichte ist ja auch viel weniger schlimm als meine. Das ist ja dann viel einfacher für sie, so erfolgreich zu sein.*»

HIGHER-SELF-INSPIRATION
Der Vergleich mit anderen Menschen macht dich
blind für das Original, das du bist.

Weil jeder Mensch absolut einzigartig ist, besteht grundsätzlich immer die Möglichkeit, dass wir uns mit anderen vergleichen können. Wir können jeden dieser Vergleiche perfekt dazu nutzen, um Ausreden zu haben, warum wir nicht ins Handeln kommen müssen oder warum es eh keinen Sinn macht, selbst für unsere Träume loszugehen. Rückblickend finde ich dieses Muster des Egos das Gefährlichste für die eigene Schöpferkraft, weil sie nicht nur abwertend uns selbst, sondern auch unseren Mitmenschen gegenüber ist. Anstatt dem anderen Menschen positive Anerkennung für seine Arbeit und sein Sein zu geben, reden wir ihn schlecht. Dabei hat der andere Mensch in Wahrheit überhaupt nichts mit unserem Weg zu tun, und auch unsere Bewertung diesem Menschen gegenüber ist in Wahrheit einzig und allein eine Bewertung über uns selbst. Jeder Vergleich ist immer nur eine Bewertung über uns.

In dem Moment, wenn wir uns vergleichen, werten wir unsere eigene Einzigartig ab. Wir suchen im Außen nach Bestätigung, anstatt sie im Innen zu leben. Der Vergleich mit dem Außen macht dich blind für das Original, das du bist.

Häufig folgen auf das Vergleichen die Gefühle von Eifersucht und Neid, und direkt im nächsten Moment kommen die Gedanken wie: «*So werde ich nie sein*» oder «*Das würde ich bestimmt nicht schaffen.*» Diese Gefühle zeigen dir, dass es in dir noch einen Anteil gibt, der im Mangel ist. Anstatt zu denken, «*So werde ich nie sein*», erlaube dir, deine eigenen Wünsche und Sehnsüchte in dem Gefühl zu sehen und diese Wünsche in deinem Leben Realität werden zu lassen. Der Neid zeigt dir nur, dass du noch nicht verstanden hast, dass du ebenso ein Original bist, dass du eine unendliche Schöpferkraft in dir trägst und dass du bis jetzt noch nicht dein ganzes Potenzial lebst. Denn an dem Tag, an dem du tief in deinem Herzen erkennst, dass du ein Original bist und absolut einzigartig, löst sich alle Eifersucht und aller Neid in Luft auf. Dann ist die Aufgabe von diesen Gefühlen erfüllt. Kämpfe also nicht gegen deinen Neid oder deine Eifersucht, sondern danke ihnen, dass sie dich daran erinnern, dass es Zeit ist, deine Träume und dein Potenzial zu leben. Begrüße diese Gefühle mit einem Lächeln, denn sie sind ganz klare Hinweise darauf, was du dir tief in deinem Herzen wünschst und wonach du dich sehnst. Sie zeigen dir, was du in anderen bewunderst, und die andere Person dient dir in dem Moment als ein ehrlicher Wunschspiegel.

Als ich mir über dieses Muster bei mir selbst bewusst geworden bin, habe ich angefangen, mein Denken umzudrehen und habe mir Menschen als meine Vorbilder gesucht, die mich inspirieren, um bei mir zu schauen, was mich einzigartig macht. Ich habe das ewige innere Vergleichen eingetauscht gegen Inspiration von Menschen, die den Weg auf ihre ganze eigene Art und Weise gegangen sind, die für ihre Wahrheit aufgestanden sind, die einen Unterschied in der Welt gemacht haben und die mir Mut gemacht haben, es ebenso zu tun. Sieh andere Menschen als Spiegel für deine eigene Kraft und für die Schöpferkraft, die in jedem von uns in gleichem Maße vorhanden ist. An einem bestimmten Punkt in unserem Leben müssen wir uns entscheiden, ob wir ständig Ausreden suchen wollen, oder ob wir ein außergewöhnliches

Leben erschaffen möchten. Beides zusammen geht nicht. Beide Wege für sich allein sind aber möglich. Es ist eine Entscheidung, eine innere Wahl, ob du deine Vergangenheit als deinen inneren Antrieb und deine Inspiration siehst oder als deine Handbremse. Es sind gerade die Herausforderungen in unserem Leben und die Entscheidungen, die wir aus einer inneren Verbindung heraus treffen, die uns zu unserem eigenen Licht und zu unserem Original führen. Authentisch zu sein, bedeutet, dass du in jedem Moment dir selbst treu bist, dass du weißt, wer du selbst bist und was du gerne in deinem Leben erschaffen möchtest. Wahrer Erfolg ist, wenn du in Einklang mit der eigenen Herzensstimme lebst und sie mutig mit der Welt teilst. Verbrauche deine Energie nicht länger dafür zu versuchen, jemand anderes zu sein. Du darfst dich zeigen, in deiner wunderschönen Einzigartigkeit.

HIGHER-SELF-INSPIRATION

Das Privileg deines Lebens ist, du selbst sein zu dürfen. Wenn du erfolgreich sein möchtest, schau nach Innen und bringe deine Einzigartigkeit ans Licht.

Aktiviere dein kreatives Potenzial

In dir ist eine unendliche Tiefe an kreativem Potenzial. Du bist von Natur aus ein schöpferisches Wesen. Jeder Gedanke und jede Handlung ist ein kreativer Akt, weil er etwas Neues erschafft. Je bewusster du dieses kreative Potenzial in dir selbst wertschätzt und anwendest, desto weniger wirst du dich mit anderen Menschen vergleichen. Du kommst in Kontakt mit deinen eigenen

Ideen, deiner Inspiration und mit dem inneren Wunsch, der in jedem Menschen vorhanden ist, die eigene Einzigartigkeit zum Ausdruck bringen zu dürfen.

Erschaffe dir bei dir zu Hause deinen Schöpferkraftort. Es spielt keine Rolle, wie groß dieser Raum ist. Es kann dein Schreibtisch sein, deine Küche, der Dachboden, der Garten, der Balkon oder dein Bett. Wichtig ist, dass es ein Ort ist, an dem du dich sicher und wohlfühlst. An diesem Ort ist jedoch nur Platz für deine Kreativität und deine Schöpferkraft. Hier ist kein Raum für deinen inneren Kritiker oder für irgendwelche Form von Bewertung. Deine Kreativität kann nur dann wirklich ausgeschöpft werden, wenn sie einen bewertungsfreien Raum bekommt, in dem jede Idee existieren darf.

Du kannst dir deinen Schöpferkraftort kreativ einrichten, dir zum Beispiel positive Affirmationen ausdrucken und aufhängen oder ihn besonders gemütlich einrichten. Vielleicht brauchst du für diesen Ort aber auch gar nichts um dich herum. Fühle hier in dich hinein, was deiner Kreativität am besten tut.

Verbringe jeden Tag Zeit an diesem Ort. Wenn du diesen Ort betrittst, sage dir selbst ganz bewusst: *«Ich bin jetzt an meinem Schöpferkraftort. Hier darf ich sein, so wie ich bin. Hier dürfen alle Ideen geboren und ausgesprochen werden, egal, ob sie in diesem Moment noch realistisch sind oder nicht.»*

Am besten lässt sich das kreative Potenzial in dir aktivieren, wenn du deine Aufmerksamkeit nach innen lenkst und dich direkt mit der Quelle deiner Ideen verbindest. Lege am besten schon einen Zettel und einen Stift neben dich bereit, um danach deine Ideen und Bilder aufzuschreiben oder aufzumalen.

Finde einen bequemen Sitz, lege deine Hände ganz bequem in deinen Schoß und schließe deine Augen. Atme hier tief ein und aus. Erlaube deinem ganzen Körper, sich tief zu entspannen.

Zähle langsam für dich von zehn bis null runter, und bei jeder Zahl entspannst du dich noch mehr. Bringe deine Aufmerksamkeit jetzt in dein Herz und spüre deinen Herzschlag und die Herzensenergie, die durch dich fließt. Bleibe für einen Moment hier und genieße die Verbindung zu deiner Lebenskraft. Lass jetzt ein Gefühl von Dankbarkeit für dein Leben und deine Schöpferkraft in dir entstehen. Erfülle dich selbst mit Dankbarkeit und Liebe. Lass Dankbarkeit für all die wundervollen Ideen in dir entstehen, die du bereits in deinem Leben erschaffen hast, und Dankbarkeit für die endlose Kreativität in dir wachsen. Lass die Dankbarkeit immer stärker werden, bis du das Gefühl hast, dass du erfüllt bist von der Leichtigkeit dieser positiven Energie und sich dein Herz noch weiter öffnen kann.

Richte deine geschlossenen Augen jetzt ganz entspannt nach oben, so als würdest du versuchen, deine Augenbrauen anzusehen. Halte deine Augen in dieser Position, aber halte sie weiterhin geschlossen. Dann frage in die entspannte Ruhe in dir:

Was darf heute durch mich entstehen?
Was möchte sich durch mich ausdrücken?
Was möchte ich erschaffen?

Lass diese Fragen ohne den Druck, dass direkt eine Antwort kommen muss, in dir widerklingen. Stell dir vor, wie du diese Fragen nach oben in den Kosmos sendest und ihnen nachschaust, und dann stell dir vor, wie aus dem Kosmos wieder eine wunderschöne, kraftvolle Energie zu dir zurückfließt. Vielleicht siehst du bestimmte Bilder vor deinem inneren Auge, wie du zum Beispiel an einem ganz bestimmten Projekt arbeitest, ein Buch schreibst, vor Menschen auf einer Bühne sprichst oder auf einer Reise in einem anderen Land bist. Vielleicht kommen auch Wörter, ganze

Sätze oder Ideen für neue Produkte, die du gerne entwickeln möchtest. Was auch immer in dir entsteht, nimm all diese Bilder, Worte und Ideen liebevoll in dir auf. Spür in dich hinein, wie es sich für dich anfühlt, diese Ideen tatsächlich umzusetzen. Vielleicht kannst du ein Gefühl von Vorfreude wahrnehmen oder von Aufregung. Nimm einfach weiterhin wahr, wie die Ideen und Bilder in dir aufkommen. Dann bedanke dich bei dieser Quelle in dir, lächle in dich hinein, atme noch einmal tief ein und aus, und wenn du so weit bist, dann öffne deine Augen.

Nimm dir den Zettel, den du neben dich gelegt hast, und mache dir Notizen zu den Ideen, die gerade in dir entstanden sind. Schreibe alle Ideen und Bilder auf, auch wenn du jetzt noch nicht weißt, ob und wie du sie umsetzen wirst. Bei dieser Übung geht es in erster Linie darum, dich bewusst mit einer inneren Kreativität zu verbinden und Zugang zu der Quelle der Inspiration in dir selbst zu bekommen.

Eine wunderschöne und kraftvolle Affirmation, die du nutzen kannst, um deine Kreativität zu aktivieren, ist:

«Ich bin unendlich kreativ, und Ideen
fließen mir mit Leichtigkeit zu.»

3. EBENE
Neues vs. Sicherheit

Die dritte Ebene, die energetisch blockiert sein kann, ist die Angst davor, Neues zu wagen, endlich loszugehen und ins Handeln zu kommen. Stattdessen warten wir lieber auf den perfekten oder richtigen Moment, der aber irgendwie nie so richtig kommen möchte.

Das ist auch der Grund, warum wir in dieser inneren Zwickmühle ein Leben lang feststecken können, weil es das sehnsüchtige Warten auf einen Moment ist, der nie kommen wird. Typische innere Zweifel und Gedanken bei einer Blockade auf der Ebene des Losgehens sind:

«Ich mache lieber noch eine weitere Ausbildung/Studium/Fortbildung.»
«Ich fühle mich noch nicht bereit.»
«Ich habe Angst vor dem Sprung ins kalte Wasser.»
«Ich habe Angst, meine Sicherheit zu verlieren.»
«Ich kann mich einfach nicht entscheiden, was ich tun soll.»
«Ich habe Angst, mich für das Falsche zu entscheiden.»
«Ich weiß nicht, wie ich am besten anfangen soll.»
«Ich habe keine Ahnung von (z. B.) Technik, Onlinebusiness, Marketing ...»

Wir können unsere Phantasie entweder dafür einsetzen, um uns das *Best-Case-Szenario* oder aber das *Worst-Case-Szenario* für unsere Zukunft und unsere Pläne vorzustellen. Beides erlaubt uns unsere Phantasie, aber je nachdem, welches Szenario wir wählen, hat das eine vollkommen andere Auswirkung auf unser Leben, auf die Entscheidungen, die wir treffen und auch darauf, wie wir uns fühlen. Sich mental das Worst-Case-Szenario der eignen Zukunft vorzustellen und vor dem inneren Auge Bilder entstehen zu lassen, wie man pleite und einsam unter einer Brücke lebt, ist wie neue Kohle für das Feuer der Angst in uns. Diese Bilder und Vorstellungen führen dazu, dass wir uns selbst nur noch mehr blockieren, die Angst vermehren und dass alles Altgewohnte, was bisher war, besser erscheint, als den Schritt ins Ungewisse zu wagen.

Wir nutzen in diesem Moment die unglaubliche Kraft der eigenen Phantasie, um uns selbst zu stoppen, anstatt uns zu motivieren. Wir haben entweder Ausreden, oder wir haben ein außergewöhnliches Leben, beides gleichzeitig geht nicht. Die Bedingung für die Erfüllung deiner Träume, deiner Ziele und deiner Wünsche ist, dass du den Sprung ins Ungewisse wagst und bereit bist, dem Ungewissen mehr zu vertrauen als dem Gewohnten. Darin liegt eigentlich auch schon der Schlüssel für ein entspanntes und erfolgreiches Leben. Dabei ist dieser Sprung ins Ungewisse in Wahrheit überhaupt nichts Besonderes, denn die Zukunft ist ja letztlich immer ungewiss. Es gibt keine Garantie, für gar nichts im Leben. Was ich aber mit Sicherheit weiß, ist, dass das eigene Traumleben nicht entsteht, wenn du deinen Ängsten folgst und niemals etwas wagst, was dich aus deiner gewohnten Komfortzone bringt. Unser Gehirn macht uns nur glauben, dass wir sicherer sind, wenn wir alle Unwägbarkeiten schon vorher zu kennen glauben und wenn wir genau das tun, was wir bisher immer getan haben. Über diesen Weg werden wir jedoch nie in Kontakt mit unserer eigentlichen inneren Größe, mit dem Licht in uns und mit unserem kreativen Potenzial kommen. Zu diesem Ort der inneren Fülle führt nur der Weg über den Sprung ins Ungewisse.

Löse dich von der Vorstellung, dass die richtigen Entscheidungen nur die sind, die auch direkt zum richtigen Ergebnis führen. Manchmal sind es gerade die Umwege, die Hürden und die Herausforderungen, die uns auf unserem Weg begegnen, die wir eigentlich brauchen, um in Kontakt mit uns selbst und unserer inneren Stärke zu kommen. Auf den richtigen Moment zu warten oder darauf, dass sich dir plötzlich, aus dem Nichts der richtige Weg offenbart, führt letztlich nur dazu, dass du dein Leben lang warten wirst. Es gibt keine größere Freiheit, als klare und kraftvolle Entscheidungen für dich und dein Leben zu treffen. Natürlich kannst du heute noch nicht wissen, ob es tatsächlich die richtige Entscheidung sein wird, aber die Frage ist hier: Woher wüsstest du, dass es die richtige Entscheidung wäre? Wenn alles glatt läuft? Wenn du dabei Millionär wirst? Wenn es genau so kommt, wie du es dir wünschst? Geht es darum wirklich? Oder geht es vielmehr darum, das Leben als einen Ort zu erkennen, an dem du eine Vielzahl unterschiedlicher Erfahrungen machen darfst? Du darfst scheitern, du darfst erfolgreich sein, du darfst dir Zeit lassen und du darfst deinen Weg neu justieren. Nichts von all diesen Erfahrungen ist besser oder schlechter. Sie sind alle Teil deines Lebens. Nur weil du dich heute für etwas entscheidest, bedeutet es nicht, dass du den Rest deines Lebens an diese Entscheidung gebunden bist.

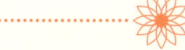

HIGHER-SELF-INSPIRATION
Das Selbstvertrauen, auf das also so viele warten,
um endlich ihren Träumen folgen zu können,
entsteht in Wahrheit erst mit jedem Schritt, den du
in die Richtung deiner Träume gehst.

Was dir aber eine Entscheidung ermöglicht, ist, endlich loszugehen und ins Handeln zu kommen, und das ist der einzige Weg, wie du jemals herausfinden wirst, ob es das Richtige für dich ist oder nicht. Und weißt du was? Ich habe auf meinem Weg unzählige Entscheidungen getroffen und dann im Laufe der Zeit festgestellt, dass es nicht die richtige Entscheidung für das Leben war, was ich gerne leben möchte, und dann habe ich eine neue Entscheidung getroffen und bin in eine neue Richtung gegangen. Diese neue Richtung hätte ich aber niemals finden können, wenn ich nicht vorerst überhaupt losgegangen wäre. Wir formen mit unseren Entscheidungen unser eigenes Schicksal. Je kraftvoller wir Entscheidungen treffen, die in die Richtung von dem Leben lenken, das wir gerne leben möchten, desto wahrscheinlicher werden wir eines Tages auch genau dieses Leben leben. Was aber noch viel wertvoller daran, nicht lange zu zweifeln und auf den perfekten Moment zu warten, ist, dass du mit jeder Entscheidung neues Selbstvertrauen gewinnst. Jedes Mal, wenn du eine Entscheidung triffst und dich für deinen eigenen authentischen Weg entscheidest, schenkst du dir selbst neues Vertrauen. Das Selbstvertrauen, auf das also so viele warten, um endlich ihren Träumen folgen zu können, kommt erst mit jedem Schritt, den du in die Richtung deiner Träume gehst. Das Schönste daran ist: Ob du am Ende tatsächlich genau das Ziel erreichst, was du dir vorgestellt hast, ist zweitrangig, weil du in dem Moment, wenn du losgehst, schon mehr gewonnen hast, als du vorher gehabt hast, und mit jedem weiteren Schritt neues Vertrauen und Anerkennung dir selbst gegenüber einhergeht.

Auch wenn es sich für den Gehirnteil, der für unser Überleben zuständig ist, vollkommen widersprüchlich anfühlt, voller Vertrauen in das Ungewisse hineinzugehen, anstatt im Altbekannten zu bleiben, ist es genau der Weg, der uns die wahren Möglichkeiten und Wunder des Lebens offenbaren wird. Und auch wenn du jetzt vielleicht noch nicht genau weißt, was ganz genau dein Weg sein soll oder was dein Geschenk für die Welt ist, steck deinen Kopf nicht in den Sand, sondern geh raus in die Welt und mache Erfahrungen, und gib dir selbst diese wunderschöne Chance, das Leben und dich selbst zu entdecken. Die folgenden beiden Schritte können dir dabei helfen, mit der Angst vor der Ungewissheit besser umzugehen und mit mehr Leichtigkeit und Vertrauen dem zu begegnen, was du noch nicht kennst.

HIGHER-SELF-ÜBUNG (SCHRITT 1):
Mach dir einen Plan

Angst findet einzig und allein in unserem Kopf statt. Sie ist nichts, was real existiert, außer wir rufen sie über unsere Gedanken ins Leben. Angst hat zur Folge, dass sich unsere Lösungskompetenz verringert und wir uns innerlich verkrampfen. Wenn wir Angst haben, sind wir blind für den Weg. Ist sie erst einmal da, will sie meistens bleiben, und es braucht die Entscheidung für eine neue innere Haltung, um die eigene Energie wieder zurück ins Vertrauen zu bringen. Was wunderbar hilft, um diese neue innere Haltung einzunehmen und nicht mehr in einem inneren Zwiespalt zu sein, ist, dem Gehirn etwas zu geben, was ihm Sicherheit in anderer Form ermöglicht: einen Plan!

Solange wir in unserem Kopf sind und die Angst erst mal das Ruder übernommen hat, denken wir nicht klar und vor allen Dingen denken wir die Dinge nicht zu Ende, weil wir uns vorher in dem Gefühl der Angst verlieren. Wenn du aber einen richtig guten Plan entwirfst, der alle Risiken mitbedacht hat und ganz klare Zwischenziele beinhaltet, verändert sich die Angst meistens in eine positive Vorfreude, denn plötzlich ist wieder ein Weg zu sehen. Nimm dir also einen Stift und einen Zettel, und mache dir einen Plan, der so konkret wie irgendwie möglich ist.

Stell dir für diese Übung vor, wie du dich selbst in drei Jahren von heute triffst und du ein absolut wundervolles Leben erschaffen hast. Schau dich genau an, wie du aussiehst, wie du strahlst und wie du voller Klarheit in deinem Leben stehst. Stell dir vor, wie du dein zukünftiges Ich jetzt selbst interviewen würdest. Leite das Interview mit den Worten ein: «*Es ist wunderschön, dich so glücklich zu sehen. Du hast eine tolle Ausstrahlung bekommen und ruhst richtig in dir. Es macht mich glücklich, dich so zu sehen. Vielleicht kannst du dich noch daran erinnern, wie du vor drei Jahren einen Plan für deine Zukunft entworfen hast. Ich bin total gespannt, wie du seitdem vorgegangen bist. Was waren damals deine ersten Schritte?»* Wechsle jetzt die Position und fühl dich in dein zukünftiges Ich ein und lasse es auf die Frage antworten. Als Nächstes kannst du dein zukünftiges Ich fragen, was es für Herausforderungen auf dem Weg gegeben hat und ob es rückblickend vielleicht etwas anders machen würde. Frage dein zukünftiges Ich alles, was du gerne wissen möchtest. Wenn du alle Infos bekommen hast, verabschiede dich von deinem zukünftigen Ich, und greife dir deinen Zettel und deinen Stift. Schreibe dir auf, was du gerade von deinem zukünftigen Ich erfahren hast, und nimm dir die Zeit, einen Plan für deine kurz- und mittelfristigen Schritte zu entwerfen. Überlege dir, wer dich bei deinem Weg unterstützen kann und wen du bei Herausforderungen um Hilfe bitten kannst. Du bist nicht allein auf deinem Weg. Es gibt so viele Menschen, die immer ein offenes Ohr für dich haben und die dir zur Seite stehen werden. Je besser es dir gelingt, dich immer wieder in das Gefühl deines zukünftigen Ichs hineinzuversetzen, desto mehr Zuversicht und Vertrauen wirst du in deinen Weg bekommen.

Erinnere dich auch immer wieder bewusst an all die Momente in deinem Leben, wo es dir bereits gelungen ist, bestimmte Erfahrungen in deinem Leben zu manifestieren, obwohl du vielleicht anfangs noch überhaupt keine Ahnung hattest, wie dir das gelingen soll. Mit Sicherheit gibt es da einige. Verbinde dich immer wieder bewusst mit genau diesen Momenten. Spüre in dir die Kraft, die genau diese Erfahrungen möglich gemacht hat. Fokussiere dich darauf, was du ab jetzt erschaffen möchtest, und begib dich bewusst in den Zustand der Gewissheit darüber, dass du es auch dieses Mal wieder erschaffen kannst. Das ist der Prozess von gelebter Schöpferkraft, ein Leben, in dem dein Geist, deine Seele und dein Körper in Einklang mit der göttlichen Energie sind, die uns alle durchströmt und die du dafür einsetzt, ein Leben in höchstmöglicher Sinnhaftigkeit für alle Menschen und Lebewesen zu erschaffen.

HIGHER-SELF-ÜBUNG (SCHRITT 2):
Entspanne in das Ungewisse hinein

Vielleicht kennst du auch diesen Moment, wenn du ein Zitat liest und die Worte in dir plötzlich etwas öffnen und du eine Einsicht bekommst, die deine komplette Sichtweise auf dein Leben verändert. Bei mir war es dieses Zitat von Jim Rohn:

> *«The quality of your life is in direct proportion to the amount of uncertainty that you can comfortably live with.»*

> *(Übersetzung: «Die Qualität deines Lebens steht im direkten Verhältnis zur Intensität an Ungewissheit, mit der du entspannt leben kannst.»)*

Als ich das Zitat das erste Mal gehört habe, ist es mir wie Schuppen von den Augen gefallen, dass unsere Freude und unsere Zuversicht im gegenwärtigen Moment zu einem sehr großen Anteil davon abhängig sind, inwieweit wir bereit sind, dem Leben zu vertrauen. Je weniger wir denken, wir müssten ein bestimmtes Ergebnis erzielen oder dass es bestimmte Dinge in unserem Leben gibt, die auf keinen Fall passieren dürfen, desto friedlicher und entspannter sind wir im Hier und Jetzt. Angst entsteht, weil wir einen Schmerz oder einen Verlust in der Zukunft fürchten, ohne überhaupt zu wissen, ob das jemals eintreten wird. Anstatt die Sicherheit zu lieben und sich dort wohlzufühlen, habe ich es mir zur Gewohnheit gemacht, mich ganz bewusst in die Ungewissheit meiner Zukunft hinein zu entspannen. Ich weiß, ich habe einen Plan, und ich werde diesen Plan für mich als mentale Landkarte für meine nächsten Schritte nutzen, aber ich weiß auch, dass das Leben manchmal andere Pläne für uns hat und dass mir die Antworten im richtigen Moment begegnen werden. Ich habe mich bewusst dafür entschieden, mich in das Gefühl, nicht genau zu wissen, was kommt, zu verlieben.

HIGHER-SELF-INSPIRATION
Angst und Liebe sind die beiden Pole,
auf denen wir uns in unserem Leben hin
und her bewegen können.

Diese Liebe dem Leben gegenüber ist Vertrauen. Angst und Liebe – sie sind die beiden Pole, auf denen wir uns in unserem Leben hin und her bewegen können. Wir können uns von der Angst zur Liebe bewegen, indem wir lernen, unseren Wunsch nach Kontrolle und vermeintlicher Sicherheit einzutauschen gegen das Vertrauen ins Ungewisse und der Gewissheit, dass wir mit allem, was auf uns wartet, gut zurechtkommen werden. Wenn du spürst, dass du dich innerlich auf den Pol der Angst zubewegst, entscheide dich bewusst, für einen Moment innezuhalten und wiederhole für dich die Affirmation:

*«Ich entspanne mich in die Ungewissheit meiner
Zukunft hinein, denn ich weiß, dass alles, was kommt,
genau richtig sein wird.»*

4. EBENE
Mitgefühl vs. jedem gefallen wollen

Die vierte Ebene bringt uns direkt in unser Herz. Hier ist die
Quelle von Selbstliebe, Mitgefühl und Geborgenheit. Wenn wir
auf dieser Ebene blockiert sind und unser Herz verschlossen ist,
können wir unsere Herzensstimme nicht richtig hören und werden uns leicht von Kritik von außen verunsichern lassen. Je mehr
wir das Herz öffnen und Mitgefühl für uns selbst und andere in
uns stärken, verbinden wir uns mit der kraftvollen Energie der
Liebe in uns.

Typische Gedanken und Zweifel, die auf der vierten Ebene bei
einem blockierten Herz entstehen, sind:

*«Ich habe Angst vor der Kritik von Menschen, die mir
nahestehen, wenn ich meinem Herzen folge.»*
*«Was, wenn ich mit dem, was ich liebe, kein Geld
verdienen kann?»*
*«Mein Kopf und meine Zweifel sind viel lauter als meine
Herzensstimme.»*
*«Ich habe Angst davor, von anderen abgewertet zu
werden, wenn ich meiner Herzensstimme folge.»*
*«Ich fühle mich dem Glück anderer Menschen (z. B.
meiner Familie) mehr verpflichtet als meinem eigenen
Glück.»*

Der Weg von unserem Kopf zu unserem Herzen ist manchmal der längste Weg, den wir in unserem Leben gehen werden. Es ist ein Weg, der uns mit den eigenen Glaubenssätzen, den Erwartungen an uns selbst und denen anderer konfrontiert und uns auffordert, zu uns selbst und unserer Wahrheit zu stehen.

Ich erinnere mich noch sehr gut daran, wie unsicher und aufgeregt ich war, als ich vor einigen Jahren anfing, meinen Blog zu schreiben, an meine schweißnassen Hände, wenn ich bei einem neuen Artikel auf «veröffentlichen» geklickt habe. Zu dieser Zeit gab es niemanden in meinem direkten Umfeld oder meiner Familie, der sich mit Themen wie Spiritualität, persönlicher Weiterentwicklung, geschweige denn Meditation beschäftigt hat. Ich war mit meinen Gedanken und meiner Vision ziemlich allein. Zwar kamen nie direkt negative Kritik oder abwertende Meinungen zu meiner Arbeit, aber es gab auch so gut wie kein Interesse an dem, was ich machte. Ich spürte, wie mich die Menschen in meinem Umfeld auf meinem Weg beobachteten und nicht wirklich daran glaubten, dass das, was ich vorhatte, funktionieren würde, und dass sie auch meine anfänglichen Gehversuche mit meinem Blog belächelten. Gar nicht aus Missgunst oder Neid, sondern einfach deswegen, weil es für sie ungewohnt und anders war.

Vielleicht ist dir auch schon mal aufgefallen, dass Menschen die Tendenz haben, leider alles, was sie nicht kennen, erst einmal abzulehnen, anstatt sich dafür zu interessieren. Das Ungewohnte macht uns Angst. Erst nachdem den meisten in meinem näheren Umfeld allmählich klar wurde, dass ich mich auf meiner Mission nicht stoppen lassen würde und ich zusätzlich sogar erfolgreich mit dem wurde, was ich tat, kamen die ersten interessierten Fragen zu meiner Arbeit. Dazwischen lagen jedoch teilweise mehrere Jahre, bevor das eher gleichgültige Verhalten sich in echtes

Interesse wandelte. Auch wenn ich mir in manchen Momenten mehr Unterstützung gewünscht hätte und jemanden, der mir gut zuspricht, habe ich in dieser Zeit ziemlich schnell gelernt, meinen Traum nicht von den Meinungen anderer Menschen abhängig zu machen und mich auf meine innere Stimme zu konzentrieren, anstatt auf die Stimmen von außen. Es gibt nichts Fataleres im Leben, als zu versuchen, es immer allen um einen herum recht zu machen oder gefallen zu wollen. Wenn wir etwas in unserem Leben bewegen und wirklich einen Unterschied in dieser Welt machen möchten, dürfen wir uns nicht von der Meinung anderer Menschen beeinflussen lassen.

Insbesondere dann, wenn deine Idee noch ganz frisch in dir reift und sich dein Traum langsam in dir entfaltet, ist es umso wichtiger, dass du dich selbst vor den Meinungen und Bewertungen anderer Menschen schützt. Wenn eine neue Idee, eine Vision oder ein Traum in dir geboren wird, ist diese/dieser anfangs wie eine kleine, verletzliche Blume, die behütet werden muss und die leicht eingehen kann, wenn man nicht ganz vorsichtig und liebevoll mit ihr umgeht.

HIGHER-SELF-INSPIRATION
Lerne, auf deine innere Herzensstimme zu hören,
anstatt auf den Lärm von außen zu achten.

Es gibt zwei Typen von Menschen auf dieser Welt. Es gibt Macher, und es gibt die Menschen, die das, was die Macher erschaffen, kritisieren. Die Frage, die sich jeder von uns in seinem Leben beantworten muss, ist: *Wer möchte ich sein?* Möchte ich ein Macher oder möchte ich Kritiker sein? Möchte ich immer nur damit beschäftigt sein, zu beobachten und zu bewerten, was andere machen, anstatt meiner Herzensstimme zu folgen und meine Wahrheit zu leben? Möchte ich mein eigenes Talent, meine Einzigartigkeit und mein Geschenk für die Welt verbergen, aus Angst, es könnte jemandem nicht gefallen, oder will ich in Kontakt kommen mit der wahren Größe meiner Seele und für andere Menschen einen Unterschied machen? Es sind die Fragen, die wir uns selbst stellen, die uns entweder befreien oder einschließen.

Ich habe damals die vielleicht wichtigste Entscheidung meines Lebens getroffen, als ich mich dafür entschieden habe, eine kraftvolle Schöpferin in meinem Leben sein zu wollen und meiner inneren Herzensstimme zu folgen. Auch wenn ich zu dem Zeitpunkt absolut keine Ahnung hatte, wie genau dieser Weg aussehen würde und mein Ego mir versucht hat, diesen Weg immer wieder auszureden, habe ich nie wieder an dieser Entscheidung gezweifelt. Wenn du dich einmal dafür entscheidest, dein Herz wirklich hören zu wollen, wird dir dein Herz den Weg weisen. Es ist vielleicht streckenweise der einsamere Weg, aber gerade diese Zeit mit dir selbst wird dir dabei helfen, immer genauer unterscheiden zu können, ob es dein Herz ist, was zu dir spricht. Mit jedem Schritt auf dieser Reise, wird sich dein Herz mehr öffnen und dich zu dir selbst führen. Du lernst, dich unabhängig von der Kritik oder Bewertung anderer zu machen, weil du verstehst und fühlen kannst, dass diese Kritik und Bewertung nichts mit dir oder deinem Weg zu tun haben, sondern nur die Ängste und Zweifel des anderen Menschen widerspiegeln. Durch die Öffnung deines eigenen Herzens wirst du, anstatt Angst oder Selbstzweifeln, Mitgefühl für dich und alle anderen Menschen empfinden. Mitgefühl ist die Fähigkeit des Herzens, hinter den Schmerz eines anderen Menschen blicken zu können und dort das Licht zu sehen, das in ihm darauf wartet, auch leuchten zu dürfen.

In dem Moment, wenn du dich dafür entscheidest, deinen Träumen und deiner Lebensvision zu folgen, wirst du gleichzeitig ein Spiegel für all die Menschen um dich herum werden, die ihre Träume vor langer Zeit begraben haben. Du erinnerst sie durch deine Schöpferkraft daran, dass sie an einem bestimmten Punkt in ihrem Leben aufgehört haben, auf ihr Herz zu hören und an ihre Träume zu glauben. Sie sehen durch dich die Grenzen, die sie sich in ihrem Leben gesetzt haben. Du kannst ihnen nicht die Aufgabe abnehmen, sich selbst wieder in ihrer ganzen Kraft wahrzunehmen, aber du kannst dir immer wieder bewusst machen, dass ihr Blick und ihre Bewertung über deinen Weg in Wahrheit nur etwas über ihren eigenen Weg sagt. Der einzige Mensch, der an dich selbst und deine Träume glauben muss, bist du selbst. Du musst dir dein Herz öffnen, und du selbst musst dich dafür entscheiden, bedingungslos deiner Herzenswahrheit zu folgen.

Es gibt kein Besser oder Schlechter in der Frage, wie du dein Leben erschaffen kannst, solange du dir dabei selbst treu bist. Es spielt keine Rolle, ob du ein riesiges Onlineimperium aufbauen möchtest, dich bei Greenpeace für die Natur einsetzt, Erzieher bist oder Musiklehrerin. Das Einzige, was zählt, ist, dass du darin deine Erfüllung und Freude findest und dazu beiträgst, in diese Welt ein bisschen mehr Liebe und Wärme zu bringen. Vertraue deinem Herzen und vertraue deinen Fähigkeiten. Beides ist völlig unabhängig davon, was jemand anderes über dich oder deinen Weg denkt. Stärke die Verbindung zu deinem Herzen, denn die Kraft deines Herzens wird dich unerschütterlich dabei unterstützen, einen Unterschied durch dein Sein und deine Vision in der Welt zu machen. Dein Herz wird dich immer wieder mit der Kraft der Liebe verbinden, die über dein Ego und deine Ängste hinausgeht. Es ist die Form von Liebe, die in dir die ungeahnten Kräfte entfesseln wird, weil sie über dich hinausgeht und dich auf einer viel größeren Ebene mit deinen Mitmenschen und diesem Planeten verbinden wird. Dein Herz wird dir auch dabei helfen, dich selbst voller Mitgefühl zu betrachten und dir die Angst vor Fehlern oder Herausforderungen zu nehmen.

Der direkteste Weg zu deinem Herzen ist Meditation. Zu meditieren öffnet dir die Welt zu deinem Herzen. Denn was dich bis hierhin davon abgehalten hat, dein Herz hören zu können, sind einzig und allein deine Gedanken. Das Dauerrauschen von der alltäglichen Gedankenflut in unserem Kopf macht uns taub für die Herzensstimme. Sie sind wie ein Vorhang vor unserem Herzen. Durch Meditation wirst du dir darüber bewusst, dass du so viel mehr bist als deine Gedanken. Du wirst wahrnehmen und auf einer tieferen Ebene verstehen, dass du das grenzenlose liebende Bewusstsein bist, das die Gedanken wahrnehmen kann, aber dass du nicht deine Gedanken bist. Wenn sich der Vorhang lüftet, wirst du die Kraft der Geborgenheit und Liebe in deinem Herzen spüren und dich daran erinnern, dass es nichts gibt, dass du fürchten müsstest. Du wirst dich in ein Feld der Liebe und Güte bewegen, das dich sicher durch alle Herausforderungen tragen wird.

HIGHER-SELF-ÜBUNG (SCHRITT 1):
Ruhe im Zentrum deines Herzens

Schließe für die Übung deine Augen und bringe deine Aufmerksamkeit in dein inneres Universum, indem du alle deine Sinne nach Innen richtest. Nimm wahr, wie sich dein Körper anfühlt, und erlaube dir, hier und jetzt alles loszulassen und deinen Körper zu entspannen. Entspanne deinen Kopf, deine Schultern, deinen Rücken, deine Brust, deine Arme und Hände, deinen Bauch, deine Beine und deine Füße.

Atme jetzt für mehrere Atemzüge ganz entspannt ein und aus.

Beobachte nun, welche Gedanken dir gerade durch den Kopf gehen, ohne jedoch mit ihnen mitzugehen. Nimm einfach nur wahr, welche Gedanken auftauchen, wie sie für einen Moment an der Oberfläche sind und dann wieder weiterziehen. Nimm jetzt wahr, dass es zwischen jedem Gedanken eine kleine Pause gibt, wie eine Lücke entsteht, bevor der nächste Gedanke auftaucht. Konzentriere dich auf diese Lücke. Vielleicht kannst du die Lücke bewusst größer werden lassen. Stell dir vor, wie du in diese Lücke hineintrittst, so, als wäre sie eine Tür in einen neuen Raum. Du befindest dich jetzt in diesem Raum hinter deinen Gedanken, dem Raum von unbegrenzten Möglichkeiten und Potenzial. Vor dir hängt von der Decke ein riesiger Vorhang aus einem wundervoll glänzenden Stoff, sodass du noch nicht genau sehen kannst, was dieser Raum für dich bereithält. Stelle hier die Bitte, dass du dich mit deinem Herzen verbinden kannst, und nimm wahr, wie sich in dem Moment, wenn du diese Bitte stellst, sich der Vorhang vor dir hebt. Hinter dem Vorhang wartet der Raum der unendlichen und bedingungslosen Liebe auf dich. Ein Raum, der durchflutet ist mit einem warmen, weißgoldenen Licht und der so groß ist, dass du sein Ende nicht erkennen kannst. Gehe in diesen Raum und erlaube der Energie der Liebe, sich mit dir zu verbinden und durch dich hindurchzufließen. Stell dir vor, wie diese heilende Energie jetzt alle Blockaden, die du jemals um dein Herz herum aufgebaut hast, abfließen lässt und dich wieder vollkommen mit deiner Essenz verbindet. Spüre, wie eine Kraft in deinen Körper fließt, die dir alles möglich erscheinen lässt und die dich mit einer tiefen Weisheit in dir verbindet. Bleibe so lange du möchtest in dieser Verbindung und lade dich auf mit deiner Herzensenergie. Spüre die Verbindung zu deiner höheren Wahrheit und zu den Möglichkeiten, die sich dir offenbaren, wenn du aus dieser Energie heraus handelst.

Wenn du so weit bist, atme noch einmal tief ein und aus, und dann kehre zurück ins Hier und Jetzt.

Um dich im Alltag mit dieser Energie und deiner Herzensstimme zu verbinden, wiederhole die Affirmation:

«Ich bin immer und zu jeder Zeit mit der unendlichen Liebe meines Herzens verbunden.»

5. EBENE
Wahrheit vs. Maske

Herausforderungen auf der fünften Ebene sind ein natürliches Ergebnis der vorangegangenen vier Ebenen. Wir stehen jetzt an einem Punkt, an dem wir bereit sind loszugehen und uns einen liebevollen Raum geschaffen haben, wo wir unser eigenes Potenzial anerkennen. Auf der fünften Ebene werden wir herausgefordert, unsere Maske komplett fallen zu lassen und unsere Wahrheit zu sprechen. Auf dieser Ebene spüren wir, dass wir nicht mehr so weitermachen können wie vorher und dass es kein Zurück mehr gibt. Wir werden uns darüber bewusst, dass die Schritte der persönlichen Weiterentwicklung, die wir bis hierhin bereits gemacht haben, nicht rückgängig gemacht werden können, und der innere Ruf, das eigene Licht mit der Welt zu teilen, nicht mehr überhört werden kann. Wenn man einmal die Tür der spirituellen und persönlichen Weiterentwicklung in sich selbst aufgestoßen hat, will man nie wieder zu einem Leben zurückkehren, in dem man sich klein, unbedeutend oder begrenzt gefühlt hat. Man sieht sich selbst und die Möglichkeiten des Lebens plötzlich mit vollkommen anderen Augen und fällt nicht länger den eingrenzenden Spielchen des Egos zum Opfer. Es ist der Moment, in dem wir verstehen, dass es Zeit ist, sich als das Original, das man ist, und ohne Maske der Welt zu zeigen.

Typische Gedanken und Zweifel, die der fünften Ebene zuzuordnen sind:

«Ich habe Angst, nicht die richtigen Worte zu finden.»
«Ich muss meine Haltung wahren.»
«Ich fühle mich so verletzlich, wenn ich für das losgehe, was ich liebe.»
«Was ist, wenn es niemanden interessiert, was ich tue oder sage?»
«Es ist mir unangenehm, Werbung für meine Arbeit zu machen.»
«Ich fühle mich von allem, was ich in mir wahrnehme, überwältigt.»

Als mittleres Kind von fünf Geschwistern war es ziemlich früh in meinem Leben eine der ersten großen Herausforderungen, meine eigene Stimme zu finden und zu lernen, für mich einzustehen. Ich kann mich noch sehr gut an unsere gemeinsamen Abendessen zu Hause erinnern, an denen wir alle am Tisch saßen und jeder von uns Fünfen versuchte, Aufmerksamkeit von den anderen zu bekommen. Dabei entwickelte jeder seine eigene Strategie. Mein älterer Bruder war sehr lustig, wenn er etwas erzählte, meine ältere Schwester immer klug und bedacht, meine kleine Schwester meistens ziemlich energiegeladen und mein kleiner Bruder weise und nachdenklich. Natürlich wurde am Tisch auch viel gestritten, und manchmal war die Luft zum Schneiden gespannt. Als hochsensibler Mensch war mir das meistens viel zu viel. Ich fühlte mich fehl am Platz und wusste nicht, wie ich mich gegen meine Geschwister durchsetzen oder wie ich mich am besten verteidigen sollte. Streit, Konflikte und negative Energie lösten bei mir innerlich einen wahnsinnigen Stress aus, sodass ich mich letztendlich für die Strategie entschied, einfach gar nichts mehr zu sagen. Ich setzte mich an den Tisch und hörte zu, aber sagte nur noch sehr selten selbst etwas. Ich zog mich in mich selbst und meine eigene Welt zurück, in der ich mich sicher fühlte.

Ich merkte dabei nicht, wie dieses Verhalten dazu führte, dass ich meinen Mut verlor, vor Menschen zu sprechen und mich bemerkbar zu machen. Ich meldete mich in der Schule kaum noch, und anstatt Konflikte zu lösen, schwieg ich und tat so, als würde es mir nichts ausmachen, während ich die Angst vor Ablehnung und Konflikten innerlich kaum aushielt. Ich zog mich immer mehr in mich zurück und begann, eine Art Maske zu tragen, hinter der ich mich sicher fühlte. Ich redete mir ein, dass mir eh niemand zuhört und ich nichts Wichtiges zu sagen habe. Diese Überzeugung wurde wie ein inneres Mantra für mich, das irgendwann zu einer inneren Überzeugung wurde. Erst als ich mich mit Mitte zwanzig auf meinen eigenen spirituellen Weg begab, spürte ich, wie ich meine schöpferische Energie durch dieses Verhalten fast zwanzig Jahre lang komplett blockiert hatte. Ich konnte plötzlich erkennen, wie mir diese Maske die Luft zum Atmen nahm und ich mich damit immer weiter von meiner Essenz entfernt hatte. Ich war mir gar nicht mehr bewusst, dass ich die ganze Zeit aus Angst anstatt aus Liebe handelte und mich dadurch immer mehr von meinem eigenen Licht entfernt hatte.

Eine meiner wichtigsten persönlichen Veränderungen war es, meine eigene Stimme wiederzufinden, für meine Wahrheit einzutreten und nicht länger zu schweigen, weil ich Angst vor Konflikten oder Konfrontationen hatte. Es war ein Prozess von mehreren

Jahren, in denen ich ganz bewusst lernte, meine Maske abzulegen und jeden Tag meine eigene Stimme ein bisschen mehr klingen zu lassen. Es war einer der größten inneren Transformationen für mich, nicht mehr allen Menschen gefallen, sondern einen Unterschied auf der Welt machen zu wollen, was zwangsläufig auch dazu führen kann, von anderen abgelehnt zu werden. In dem Moment, wenn du dich dafür entscheidest, nach deinem Herzen zu leben und nicht länger nach dem Wunsch des Egos, immer geliebt werden zu wollen und es allen recht zu machen, befreist du deine Seele.

All das, was ich heute erreicht habe, womit ich rausgegangen bin, wäre niemals möglich gewesen, wenn ich mich nicht auf den Weg gemacht hätte, meine Stimme wiederzufinden und mich mit der tieferen Wahrheit zu verbinden, die sich durch mich versuchte auszudrücken. Mir machte es anfangs unglaublich viel Angst, und ich hatte keine Ahnung, wie ich mich ausdrücken sollte, aber die Wahrheit findet immer die richtigen Worte. Es ist nur unser Ego, dass sich davor fürchtet, abgelehnt oder ausgeschlossen zu werden, wenn wir vollkommen für etwas einstehen, was vielleicht auch nicht gerade in Einklang mit der Wahrheit ist, die von den meisten Menschen gelebt oder akzeptiert ist.

Die eigene Wahrheit zu sprechen, bedeutet, sich wahrhaftig zu zeigen. Es bedeutet, die eigene Maske abzunehmen und nicht nur das eigene Licht, sondern auch die eigenen Ängste zu zeigen und nicht länger zu verstecken. Es ist die vollkommen gelebte Akzeptanz von deinem Sein, deiner Vielseitigkeit und der Ausdruck deiner Einzigartigkeit. Die Wahrheit mit all ihren Facetten zu leben und zu sprechen, macht dem Ego Angst, weil es eine Verbindung auf einer tieferen Ebene zu anderen Menschen schafft, die nur dadurch entstehen kann, dass wir uns verletzlich und ehrlich zeigen. Es bedeutet, sich selbst mit allen Schattenseiten, Ängsten, Zweifeln sowie aller Kraft, Liebe und Freude zu akzeptieren und nicht länger zu versuchen, jemand zu sein, der wir in Wahrheit nicht sind.

Es kann nicht genug Menschen geben, die die Botschaft von Liebe in die Welt tragen und ihre Schöpferkraft bewusst nutzen, um eine bessere und friedlichere Welt zu erschaffen. Die Wege hierfür sind unendlich. Diese Botschaft kann über dich als Künstler, als Lehrer, als Autor, als Elternteil, als Unternehmer, als Arzt, als Freund oder Freundin und durch jede andere Form überbracht werden. Alles, was sie braucht, ist, den Mut zu haben, das eigene Herz zu öffnen und in ihrem Namen das Leben zu erschaffen. Jede Handlung aus Liebe verbindet dich direkt mit dem Göttlichen in dir, und mit jeder liebenswürdigen Tat wandelst du die Welt zum Besseren. Du hast eine Stimme, die gehört werden möchte und das, was du zu sagen hast, ist wichtig. Dich selbst auf deine einzigartige Art und Weise auszudrücken, ist dein Geburtsrecht. Dabei ist es vollkommen normal, dass du Angst hast. Die Angst bedeutet nur, dass du kurz davor bist, etwas sehr Mutiges zu tun, und du wirst feststellen, dass die Wahrheit wie ein Magnet für alle sein wird, die bereit sind, sie zu hören.

HIGHER-SELF-ÜBUNG:
Hol dir deine Stimme zurück

Als Babys und kleine Kinder existiert für uns die Frage nicht, ob wir etwas zu sagen haben oder nicht. Wir erzählen einfach drauf los und schaffen uns Aufmerksamkeit über die unterschiedlichsten Wege. Dann kommt der Tag, an dem wir das erste Mal die Erfahrung machen, dass wir nicht gehört werden oder dass wir vielleicht sogar dafür beurteilt oder kritisiert werden, was wir gesagt haben, und wir merken gar nicht, wie wir immer mehr unsere eigene Meinung gegen eine vermeintlich allgemeingültige Wahrheit eintauschen.

In dieser Übung holen wir dir deine Stimme und deine Power wieder zurück. Finde hierfür einen ruhigen Ort, an dem du für die nächsten Minuten ungestört bist und schließe deine Augen. Erlaube dir, dich zu entspannen und im Hier und Jetzt anzukommen. Atme tief ein und aus. Stell dir jetzt vor, wie du auf einer großen Bühne stehst, und vor der Bühne sitzen all die Menschen, an die du irgendwann in deinem Leben deine Power abgegeben hast. Schau in Ruhe in alle Gesichter. Manche von ihnen kennst du wahrscheinlich gut, an andere Gesichter kannst du dich kaum noch erinnern. Es spielt keine Rolle mehr, was genau vorgefallen ist und warum du deine Power an sie abgegeben hast. Nimm einfach nur wahr, dass sie deine Schöpferkraft und deine Power in ihren Händen halten und dass es an der Zeit ist, dass sie wieder zu dir zurückfließen darf. Stell dir vor, wie du dich auf der Bühne aufrecht hinstellst, sie alle anblickst und mit klarer Stimme sagst: «Ich habe dir damals meine Power und Schöpferkraft gegeben, weil ich Angst hatte, nicht geliebt oder von dir durch deine Ablehnung verletzt zu werden. Ich vergebe dir und ich vergebe mir, dass wir damals nicht aus Liebe, sondern aus Angst gehandelt haben. Ich werde ab jetzt meine Stimme nutzen, um in Liebe zu sprechen und für meine Herzenswahrheit einzustehen.»

Lass deine Schöpferkraft und Power jetzt über ein wunderschönes weißgoldenes Licht von all den Menschen zu dir zurückfließen und spüre, wie die Energie bei dir ankommt und dich wieder vervollständigt. Spüre deine Füße fest auf dem Boden und die Kraft, die durch deinen Körper strömt. Atme tief ein und aus. Wenn du so weit bist, öffne deine Augen und kehre zurück ins Hier und Jetzt.

Handle ab heute bewusst in der Intention von Liebe. Stell dir vor, wie du von Liebe umgeben bist und Liebe durch dich fließt. Lass dich von dieser Liebe leiten. Es ist nichts Falsches daran, wenn du nicht länger in einer Energie von Angst dein Leben erschaffen möchtest, sondern dich mit der natürlichen Kraft der Liebe verbindest und nicht länger einem Weg folgen willst, der nicht der Richtige für dich ist. Die Welt hat dein Licht und deine Liebe verdient.

Ich stehe für meine Wahrheit ein und spreche mit der Stimme meines Herzens. Was ich zu sagen habe, ist es wert, gehört zu werden.

6. EBENE
Innere Führung vs. Verstand

Eine der schönsten und wertvollsten Erfahrungen, die wir in unserer spirituellen Entwicklung machen können, ist die tiefe Verbindung zu unserer inneren Führung, unserer Intuition, der göttlichen Stimme in uns. Jeder Mensch hat diese Verbindung. Wir sind spirituelle Wesen und sind immer mit der göttlichen Stimme verbunden. Wir haben nur verlernt, sie wahrzunehmen, weil wir zum einen ständig mit Eindrücken aus dem Außen beschäftigt sind und zum anderen unserem Verstand zu viel Aufmerksamkeit schenken. Je mehr wir uns der Möglichkeit öffnen, dass das Leben vielleicht doch mehr für uns bereithält, als wir bis jetzt erwartet haben, und wir dem Leben Raum geben, uns zu überraschen, umso mehr kommen wir wieder in Kontakt mit unserer inneren Führung und unserer Intuition. Plötzlich gibt es neben dem Verstand eine weitere Stimme, die uns führt.

Typische Gedanken und Zweifel, die der sechsten Ebene zuzuordnen sind:

«Ich weiß nicht, wie ich meine Intuition überhaupt hören kann.»
«Ich bin mir nicht sicher, ob es wirklich meine Intuition ist ...»
«Woher weiß ich, dass ich meiner Intuition trauen kann?»
«Mein Verstand sagt mir etwas anders als meine Intuition. Wem soll ich glauben?»
«Das, was mir meine Intuition sagt, macht mir Angst, weil es so eine große Veränderung bedeuten würde.»

Vor drei Jahren hatte ich die große Freude, mit einer sehr inspirierenden Coachingklientin zusammenarbeiten zu dürfen, die noch bis heute einer der Menschen ist, an die ich gerne zurückdenke, wenn es darum geht, den eigenen Träumen und der Intuition zu folgen. Bettina hatte seit Jahren den Traum, als Floristin zu arbeiten, und ich habe noch nie zuvor in meinem Leben jemanden getroffen, der eine solche Leidenschaft und Liebe für Blumen hatte. Als wir mit unserem Coaching anfingen, war sie als Produktmanagerin in einem Modelabel fest angestellt und hatte keinerlei Erfahrung als Floristin oder irgendwie Kontakt zu der Arbeit mit Blumen, außer in ihrem Privatleben, wo es fast um nicht anderes ging als Blumensträuße. Wie du dir vorstellen kannst, gab es eine sehr rationale Stimme in ihrem Kopf, die ihr einredete, dass die Verwirklichung ihres Traums unendlich weit weg war. Wie sollte das gehen? Wie sollte sie damit Geld verdienen? Wer würde sie einstellen? Auf der anderen Seite war da die Freude und die Liebe zu Blumen, die sich einfach nicht damit zufrieden geben wollte, dass sie ihr Leben lang einem Beruf nachging, der sie nicht annähernd in Kontakt mit ihrem wahren Potenzial und ihrem Geschenk für die Welt brachte.

Nachdem sie mir von ihrem Traum erzählte und wie absurd es ihr gleichzeitig vorkam, es überhaupt ernsthaft in Betracht zu ziehen, eines Tages als Floristin zu arbeiten, entwickelten wir im Laufe des Coachings einen *intuitiven Plan*, wie sie es trotz der vielen rationalen Einwände von ihr selbst und all den Menschen, die sie kannte, in den nächsten zwei Jahren schaffen würde, ihren Traum zu verwirklichen.

Ein intuitiver Plan ist einer, der auf dein inneres kreatives Genie und deine Intuition als Inspiration zurückgreift. Das Problem bei Plänen, die nur aus dem Verstand kommen, ist, dass sie immer auf deinen vergangenen Erfahrungen und Möglichkeiten beruhen. Also auf den Dingen, die du bisher für möglich gehalten hast. Unser Verstand wird uns meistens nur die Wege aufzeigen, die wir bereits gegangen sind, Wege, die wir kennen oder die wir bei anderen gesehen haben. Du greifst also immer auf alte Informationen zurück. Die schöpferische Energie in dir, die dir ganz neue Wege und Möglichkeiten aufzeigt, ist nicht dein Verstand. Es ist dein unbegrenztes Bewusstsein, das Quantensprünge ermöglicht. Wenn du dich ganz bewusst mit deinem inneren kreativen Genie verbindest, wirst du dir selbst ungeahnte Möglichkeiten eröffnen, und vor deinem inneren Augen entstehen Wege, die sich dein Verstand niemals hätte vorstellen können. Alles, was du dafür tun musst, ist, dich selbst auf den inneren Standpunkt zu stellen, dass du keine Ahnung davon hast, was möglich ist und was nicht. Es ist, als würdest du dir vorstellen, dass du heute den ersten Tag auf der Erde bist und dir bisher noch nie jemand gesagt hat, dass es irgendwas gibt, was du nicht kannst oder nicht weißt. Du bist völlig frei in deinen Möglichkeiten, deinem Geist und deiner Schöpferkraft. Wenn du von diesem Standpunkt gute Fragen an deine Intuition richtest, wirst du überrascht sein, welche Antworten und Ideen dir plötzlich kommen werden.

Bettina lernte, sich in der folgenden Zeit immer besser mit ihrer Intuition zu verbinden und ihrem Traum Raum zum Entfalten zu geben. Ihre Intuition sagte ihr ganz klar, dass sie ihrem Traum und ihrer Freude folgen sollte und dass sich die richtigen Möglichkeiten auftun werden, wenn sie beginnt, die ersten Schritte in die Richtung ihres Traums zu machen. Sie reduzierte ihren Job auf Teilzeit und machte ein halbes Jahr lang ein Praktikum bei einem kleinen Blumenladen in der Nähe ihres Zuhauses, den sie schon lange besonders gern mochte. Nach den sechs Monaten war sie noch bestärkter darin, mit Blumen arbeiten zu wollen und den Menschen die schönsten Blumensträuße zu kreieren. Wie es der Zufall wollte, wurde sie kurze Zeit später auf eine Anzeige von einem Onlineblumenversandhaus aufmerksam, das einen Workshop für kreatives Blumenbinden anbot. Nach kurzem Zögern und der Entscheidung, auch hier auf ihre Intuition zu hören, meldete sie sich für den Workshop an, ging hin und begeisterte mit ihrer Leidenschaft und ihrem Talent die Workshopleiterin so sehr, dass sie heute selbst in diesem Unternehmen arbeitet und neue Blumensträuße entwirft. Ich bin so dankbar, dass ich sie in diesem Prozess begleiten durfte und dir heute ihre Geschichte erzählen kann, weil sie zeigt, dass der beste Weg, um ins Handeln zu kommen, ist, einfach den ersten Schritt zu machen und zu lernen, dieser feinen aber konsequenten Stimme zu folgen, die dir den Weg weist.

HIGHER-SELF-INSPIRATION

Es ist oft nur der erste Schritt, der den meisten Mut erfordert. Dahinter ergibt sich die Sicht auf deinen Weg ganz von selbst.

Wir haben häufig Angst vor unseren Träumen, weil wir den gesamten Weg auf einmal anschauen und nicht wissen, wie wir das alles hinbekommen sollen. Dabei ist es häufig nur der allererste Schritt, der wirklich Mut erfordert. Wenn dieser Schritt getan ist, fügt sich so viel wie magisch ineinander, und rückblickend war es eigentlich gar nicht so schlimm, wie es unser Verstand uns vorher versucht hat weiszumachen. Natürlich wird der Weg auch mal schwierig sein, aber die größte Hürde ist in Wahrheit nur der erste Schritt. Deine innere Führung weiß das. Sie wird dir immer wieder Zeichen, Träume, Ideen und Lösungen schicken, um dir auf deinem Weg zur Seite zu stehen. Deine Intuition ist deine direkte Verbindung zu der göttlichen Stimme in dir, die dich liebevoll leiten wird, wenn du dich öffnest, um sie zu hören.

HIGHER-SELF-ÜBUNG:
Verbinde dich mit deiner Intuition

In der yogischen Lehre spricht man bei der Intuition auch über das dritte Auge. Während wir mit unseren physischen Augen die materielle Welt wahrnehmen können, können wir mit unserem dritten Auge die spirituelle, intuitive, feinstoffliche Welt erfühlen. Deine Intuition ist der Empfang für deine Verbindung mit der göttlichen Energie, dem Universum oder der universellen schöpferischen Energie, wie auch immer du diese für dich beschreibst. Das dritte Auge hat seinen Sitz zwischen deinen Augenbrauen und ist mit deiner Zirbeldrüse verbunden, die die Verbindung zu der feinstofflichen Ebene ermöglicht.

Um dich mit deinem dritten Auge und deiner Intuition zu verbinden, schließe deine Augen und richte deine Augen hoch zu deinen Augenbrauen, so als würdest du versuchen, deine Augenbrauen anzusehen. Stell dir vor, wie zwischen deinen Augenbrauen ein weißgoldener Lichtkreis entsteht. Konzentriere dich auf dieses Licht, und atme hier mehrmals tief ein und tief aus. Stell dir vor, wie du über dieses Licht in direkte Kommunikation mit der göttlichen Energie gehst. Eine Energie die raum- und zeitlos ist und in der nur unbegrenzte Möglichkeiten existieren. Nimm bewusst wahr, welche Bilder, Wörter, Ideen und Gedanken auftauchen. Du kannst hier auch Fragen stellen, auf die du eine Antwort brauchst, oder einfach nur bewusst wahrnehmen, was sich dir zeigt.

Gute und öffnende Fragen für die Aktivierung deines Higher Selfs und deiner Intuition sind zum Beispiel:

«Wofür bin ich hier?»
«Wer bin ich?»
«Was würde mir den größten inneren Frieden bringen?»
«Was ist die höchste Version, die ich von mir selbst leben kann?»
«Was möchte sich durch mich in der Welt entfalten?»
«Was ist der nächste wichtige Schritt für mich?»

Komme nach ein paar Minuten wieder zurück ins Hier und Jetzt, öffne deine Augen und nimm dir am besten direkt Stift und Zettel, um dir deine intuitive Eingebung aufzuschreiben.

Eine wundervolle Übung, um dich auch im Alltag immer wieder mit deiner Intuition zu verbinden, ist, abends kurz vor dem Schlafengehen deine größten Herzensfragen aufzuschreiben und den Zettel morgens direkt nach dem Aufwachen wieder aufzunehmen und alles aufzuschreiben, was dir deine Intuition eingibt. Du wirst überrascht sein, was für wundervolle Antworten plötzlich auf dem Papier erscheinen werden.

Der ultimative Zugang zu meiner Intuition ist allerdings, wenn ich mich zusätzlich in einen tiefen Zustand von Dankbarkeit bringe. Ich bringe hierfür meine ganze Aufmerksamkeit in mein Herz und konzentriere mich auf die Fülle und die Liebe in meinem Leben. Ich lasse mein ganzes Herz in Dankbarkeit erfüllt sein. In diesem friedlichen Zustand richte ich dann meine Frage an meine Intuition und bin bereits jetzt erfüllt von Dankbarkeit, dass meine Intuition und meine innere Führung mir die richtigen Antworten zur richtigen Zeit geben werden. Ich habe die Erfahrung gemacht, dass diese tiefe und ehrliche Dankbarkeit wie die Öffnung für den Kanal meiner inneren Führung ist und ich Antworten erhalten habe, die mir dabei geholfen haben, die wichtigsten Entscheidungen meines Lebens zu treffen.

Dein ganzes Leben ist eine Aneinanderreihung von Zeichen und Antworten auf die Fragen, die du hinaussendest. Halte deine Augen offen für die Zeichen, die sich dir immer und zu jeder Zeit zeigen. Die Intuition spricht auf viele Arten zu dir, in Träumen, inneren Bildern und Dingen, die plötzlich in deinen Fokus fallen. Achte auf sie ebenso wie auf Geistesblitze, die sich dir offenbaren, und tue sie nicht als Hirngespinste ab, sondern gib ihnen Raum, um sich zeigen zu dürfen, es ist einer der vielen Wege, wie deine göttliche Führung mit dir in Kontakt tritt. Beginne mutig und neugierig, ja zu den Möglichkeiten zu sagen, die dir das Leben schickt, auch wenn es sich in dem Moment rational vielleicht ganz unlogisch anfühlt. Vertraue deiner inneren Führung und folge deiner Freude und dem, was du liebst. Lerne, deinen Verstand ganz bewusst für die Planung deiner Träume einzusetzen, aber gib ihm nicht die Entscheidungshoheit über deine Träume.

«Ich gebe der göttlichen Kraft Raum,
sich durch mich zu manifestieren.»

7. EBENE
Fülle vs. Mangel

Die siebte Ebene ist die herausforderndste für unseren Verstand, da sie ein Wissen in uns berührt, das weit über den Verstand hinausgeht. Sie ist die Ebene, in der wir aufgefordert sind, unsere Vorstellung der Trennung voneinander und des Mangels aufzugeben und anzuerkennen, dass wir selbst das Universum in ekstatischer Bewegung sind. Es ist die Ebene, auf der wir unsere begrenzenden Gedanken, unser Mangelbewusstsein und unsere Vorstellungen davon, wer wir sind, aufgeben können, um in Verbindung mit der Fülle dieses Universums zu kommen.

Typische Gedanken und Zweifel auf dieser Ebene sind:

«Ich habe Angst, mein Licht vollkommen scheinen
zu lassen.»
«Ich habe Hemmungen, wirklich groß zu denken.»
«Wie kann das Universum in Fülle sein, wenn es doch
offensichtlich so viel Mangel gibt?»
«Kann oder darf ich wirklich in allen Lebensbereichen
erfüllt sein?»
«Ich kann mir nicht vorstellen, dass auch ich Teil dieser
göttlichen/universellen Kraft bin.»
«Ist es nicht anmaßend, mich als einen Teil von etwas
Größerem zu betrachten?»

Um alle Zweifel und Ängste auf dieser Ebene aufzulösen und vollkommen befreit deine Schöpferkraft nutzen zu können, ist es ele-
mentar, dass du eine ganz bestimmte Überzeugung aufgibst. Die
Überzeugung, dass Gott etwas außerhalb von dir ist. Gott ist kein
Mann mit weißem Bart, der auf einer großen Wolke im Himmel
sitzt und über uns richtet. Diese Vorstellung wurde von Menschen
erschaffen, die die Angst vor Gott für ihre eigene Macht miss-
braucht haben. Gott oder Liebe, was synonym ist, ist in allem.
Es gibt nichts, wo Gott nicht ist. Um dich auch selbst wieder als
Teil dieser göttlichen Kraft zu erkennen, musst du verstehen, dass
Gott vollkommen frei von Religion oder Dogmen existiert. Ich
gehöre keiner Religion an und glaube felsenfest daran, dass es eine
Kraft gibt, die weit über unseren Verstand hinausgeht. Eine Kraft,
die dein Herz schlagen lässt, eine Kraft, die dich atmen lässt, eine
Kraft, die die Planeten bewegt und die intelligenter ist, als wir es
uns überhaupt vorstellen können. Wir Menschen nennen diese
Kraft seit jeher Gott. Wir könnten sie aber ebenso Universum,
Liebe, Energie oder Intelligenz nennen. Das sind nur Namen oder
Versuche, etwas, das nicht in Worte gefasst werden kann, einen

Rahmen zu geben, weil es uns nicht möglich ist, mit dem Verstand etwas Unendliches zu begreifen. In einem Interview fragte ich einen meiner wichtigsten Lehrer und Mentoren, Neale Donald Walsch, was er denkt, wer Gott sei. Er antwortete: «Frage mich lieber, was Gott nicht ist. Die Antwort wäre kürzer.» Es gibt nichts, was Gott nicht ist, inklusive dir. Gott ist nichts außerhalb von uns. Das Göttliche tritt durch uns in Erscheinung so, wie durch alles andere auch.

Vor kurzem bin ich mit meinem Freund mit dem Fahrrad zu einer Eisdiele bei uns um die Ecke gefahren. Während Paul uns ein Eis bestellte, schaute ich mich um und sah einen alten Mann, der ungefähr achtzig Jahre alt war und ein bisschen verwahrlost aussah. Er trug mehrere dicke Jacken übereinander, so, als würde er alles, was er besitzt, bei sich tragen. Er saß an einem der Tische draußen und trank ganz selig einen Kakao. In seinem Arm hielt er ganz fest an sich gedrückt einen weißen Teddybären, der auch eine kleine Strickjacke anhatte. Dieses Bild berührte mich so tief in meinem Herzen, dass ich ihn anlächelte und er in dem Moment den kleinen Bären umdrehte und mir mit seiner Pfote zuwinkte. Ich fragte ihn, wie der kleine Bär hieß, und er strahlte mich an, ohne Zähne in seinem Mund, und sagte: «Das ist Toleranz. Er ist immer bei mir, er passt auf mich auf und ich auf ihn.» Ich versuchte, die Tränen, die mir in die Augen schossen, zu unterdrücken und lächelte zurück. «Das ist wunderschön! Wir sollten alle so einen Bären bei uns tragen.» Er winkte mir noch mal mit dem kleinen Bären zu, und ich wünschte ihm alles Gute.

Als ich abends im Bett lag, musste ich lange über meine Begegnung mit dem alten Mann und seinen Teddybär Toleranz nachdenken. Gott taucht in allen möglichen Formen, in Begegnungen, Momenten und Menschen auf. Jeden Tag sind wir umgeben von Botschaften, die uns daran erinnern, unser Herz zu öffnen und liebevoll miteinander zu sein. Manchmal sind es besonders die, die von uns als verrückt oder komisch abgestempelt werden, die die wichtigsten Botschaften für uns haben. Die, die immer Kind geblieben sind, die ihr Herz weit geöffnet gelassen haben und die uns daran erinnern, dass jeder Mensch, jede Seele und jedes Lebewesen hier auf dieser Welt einen wichtigen Platz hat und dass Liebe immer und überall zu finden ist. Diese Liebe ist Gott. Das Göttliche wertet nicht, weil es alles ist, was existiert, es gibt in Wahrheit nichts außerhalb von Gott.

HIGHER-SELF-INSPIRATION
Öffne dich der Fülle an Möglichkeiten, die das Universum für dich bereithält.

Unser Leben dient dazu, unseren individuellen Ausdruck in dieser göttlichen Energie zu finden. Jedes Ziel, das du hast, jeder Traum, den du verwirklichen möchtest, dient letztlich dazu, dass du aufgefordert wirst, zu wachsen und mehr und mehr mit deiner wahren Essenz in Verbindung zu kommen. Je größer deine Ziele sind und umso «unrealistischer» deine Träume, desto besser, denn sie werden deine Vorstellungen von dem, was möglich ist und was nicht, einfach dadurch aufheben, dass du eine neue Realität erschaffst, indem sie durch dein inneres Wachstum auch im Außen in Erscheinung tritt. Es gibt Mangel auf dieser Welt, weil wir gewählt haben, Mangel zu erschaffen. Wir selbst sind es, die den Mangel erschaffen haben, durch die Illusion, dass es uns an irgendetwas fehlen würde, sei es zum Beispiel Liebe, Geborgenheit oder auch materieller Reichtum. Wir selbst sind es, die diesen Mangel auch wieder in Fülle transformieren können. Dieser Shift ist aber nur durch die

Veränderung unseres Bewusstseins möglich und dem Verständnis dafür, dass es unser Ego ist, das diesen Mangel erschaffen hat.

Das Universum ist ein Ort der Fülle. Es gibt genug Nahrung für alle und es gibt auch genug Platz für alle Lebewesen. Es wird nur bisher nicht gerecht verteilt, weil unsere Angst und das bisher dominante Bewusstsein der Trennung voneinander bisher dazu führt, dass wir Mangel erschaffen, dass wir die Natur ausbeuten, anstatt mit ihr in Einklang zu leben, und unsere Intelligenz dafür nutzen, um Nuklearwaffen zu bauen, anstatt allen Menschen beizubringen zu meditieren und zu ihrer inneren Kraft zu finden. Die Trennung basiert auf einer Illusion der Angst. Es ist, als würde die Wolke denken, sie sei nicht aus demselben Stoff gemacht wie das Meer, nur weil das Wasser in ihr eine andere Form hat. Dabei ist die Wolke einfach nur das Resultat von verdunstetem Wasser, das in den Himmel gestiegen ist und eines Tages wieder zurück ins Meer regnen wird. Genauso ist es mit uns. Wir sind alle aus derselben Quelle und alle aus derselben Energie, nur in individueller Form. Diese individuelle Form ist es, die das Ego denken lässt, wir seien voneinander getrennt. Dabei sind wir, waren wir und werden immer eins sein. Wir stehen heute an einem der wichtigsten Punkte der Menschheit. Wir können, jeder Einzelne von uns, neu wählen. Wir können entscheiden, nicht länger in dem begrenzten Verständnis von unserer inneren Kraft zu leben und uns für eine Version von uns selbst entscheiden, die ein Ausdruck von Liebe ist und nicht von Angst. Es ist die Entscheidung, einen tiefen Frieden in dir selbst zu finden und diesen Frieden mit der Welt zu teilen, ganz egal, ob sich ein Großteil der Welt noch anders verhält. Die Veränderungen werden durch jeden Einzelnen von uns in die Welt getragen.

Die Frage ist immer: Was darf durch dich in Erscheinung treten? Was darf sich durch dich in der Welt manifestieren? Vertraue der unendlich schöpferischen Kraft in dir, dass sie sich dir offenbart, wenn du dich für ein höheres Ziel commitest und dich bereit erklärst, über deine bisherigen mentalen Begrenzungen hinauszuwachsen.

Ein wunderschönes Bild für diese innere Transformation ist die Lotusblume. Die Lotusblume wächst in Schlamm und in der Dunkelheit des Wassers hinauf bis zur Wasseroberfläche, wo sie ihre weißen Blüten öffnet und alles von ihr abperlt. Die Lotusblume hat keine Frage darüber, ob sie in ihrer Schönheit aufblühen darf, nachdem sie aus dem Schlamm gekommen ist. Sie weiß, dass es genau dieser Schlamm war, der sie zum Blühen gebracht hat. Genauso, wie es auch alle unsere Herausforderungen und begrenzten mentalen Vorstellungen sind, die uns nur Dunkelheit sehen lassen, bis zu dem Moment, wenn wir über die Wasseroberfläche hinauswachsen und unser Strahlen sich entfalten kann. Die Lotusblume hat keine Frage darüber, ob sie dort strahlen darf, sie blüht einfach in ihrer einzigartigen Schönheit, weil genau das ihre Natur ist. Es gibt nichts auf dieser Welt, das nicht denselben göttlichen Funken in sich hat, der Funken, der alles zum Leuchten bringen kann. Es ist in allem, was existiert.

Die Kraft, die die Lotusblume zum Strahlen bringt, ist dieselbe Kraft, die auch du in dir aktivieren kannst. Es ist deine Bestimmung und deine Natur, dein Strahlen in die Welt zu bringen und aufzublühen. Öffne dich der Fülle an Möglichkeiten, die das Universum für dich bereithält. Es gibt keine zu großen Träume oder zu großen Ziele. Diese Grenzen sind durch Gedanken und Überzeugungen von Menschen entstanden, die sich nicht getraut haben, sich mehr vorzustellen.

Stell dir vor, du hast morgen Geburtstag und deine Familie und deine Freunde zu einem großen Essen eingeladen. Du wirst zur Vorbereitung wahrscheinlich eine große Einkaufsliste schreiben, Getränke besorgen und alles mit viel Liebe und Vorfreude schmücken, damit ein wunderschöner Tag mit all deinen Liebsten auf dich wartet. Wirst du daran zweifeln, ob deine Gäste überhaupt kommen werden? Wirst du überlegen, ob es überhaupt Sinn macht, Getränke und Essen zu besorgen? Wirst du voller Zweifel sein, ob der Abend toll wird? Nein, natürlich nicht. Es ist dein Geburtstag, und du weißt, dass natürlich alle deine Gäste kommen, ihr einen wunderschönen Abend haben werdet. Genau diese innere Haltung ist es, die dich zu einem erfüllten Menschen werden lässt. Es ist das tiefe Vertrauen, dass alles, was du für das Morgen planst oder dir wünschst, auf einer energetischen Ebene längst da ist und deine Planung für die Umsetzung eigentlich nur die ganz logischen nächsten Schritte sind, um diese Zukunft zu realisieren. Das hat zur natürlichen Folge, dass du bereits heute, im Hier und Jetzt, voller Freude und Dankbarkeit bist, weil du weißt, dass du den Weg genießen kannst. Du kannst dich darauf verlassen, dass du in einem Universum lebst, das der reine Ausdruck von Fülle ist und du an dieser Fülle teilhaben darfst.

Wir ziehen nicht das in unser Leben, was wir wollen. Wir ziehen in unser Leben, was in Einklang mit dem ist, wer wir sind. Wenn du in dir in Dankbarkeit, Fülle, Freude und Leichtigkeit bist, wirst du genau das auch in deinem Leben manifestieren. Wenn du im Mangel bist und glaubst, dass dir etwas fehlt, wirst du immer das Gefühl haben, unvollständig zu sein, und mehr dieser Erfahrungen in dein Leben ziehen.

Alles, was du dafür tun musst, ist deine Aufmerksam weg vom Mangel und hin zur Fülle zu wenden. Als würdest du eine neue Sprache lernen, lernst du jetzt eine neue Sicht auf dich und auf die Welt. Du lernst, die universelle Sprache der Liebe zu sprechen, indem du selbst zu einem Ausdruck der Fülle wirst, die du in deinem Leben manifestieren möchtest. Wähle jeden Tag ganz bewusst, die Fülle in deinem Leben wahrzunehmen und anzuerkennen. Nimm all die Möglichkeiten um dich herum wahr, die Liebe, die Freude, die Menschen, die Wunder, den Reichtum und die Freiheit. Nimm die Natur wahr und ihre unendliche Intelligenz, und werde dir bewusst, dass auch du Teil dieser unglaublichen Schönheit bist. Öffne deine Augen morgens mit dem Wort Danke und schließe deine Augen abends mit dem Wort Danke. Danke für das Leben, das durch dich fließt, und deine göttliche Verbindung zu allem, was ist. Du bist ein Teil von allem, und alles ist ein Teil von dir. Mache es dir zu deiner wichtigsten Gewohnheit, großzügig mit deiner Liebe, mit Komplimenten, mit liebevollen Worten und mit allem, was du zu geben hast, zu sein. Wir erfahren Fülle nicht im Nehmen, sondern im Geben.

Erfülle jeden einzelnen Tag mit deinem Leuchten und mit dem Wissen, dass heute eine neue Möglichkeit für Fülle darauf wartet, von dir erschaffen zu werden. Dein Leben ist nicht morgen und es ist nicht gestern. Es ist heute. Es ist genau jetzt. Das sicherste Rezept für ein erfülltes Leben ist, genau heute diese Erfüllung bereits zu leben und sie nicht auf die Zukunft zu verschieben.

«Ich entfache den göttlichen Funken
in mir zu einem hellen Leuchten.»

KAPITEL 3

Warum du spirituell und reich sein darfst

Dieses Kapitel für dich zu schreiben, ist für mich eine riesige Herzensangelegenheit, weil ich weiß, welchen Unterschied es für dein Leben machen wird, wenn du die folgenden Prinzipien und Gedanken, die ich mit dir teilen werde, anwendest und in dein Leben integrierst. Du bekommst in diesem Kapitel von mir alles, was du wissen musst, um die Grundlagen dafür zu schaffen, in all deinen Lebensbereichen erfüllt zu leben und keine Angst mehr vor der Zukunft, etwa vor finanziellen Sorgen, zu haben. Damit du den größten Nutzen aus den nächsten Seiten für dich ziehen kannst, bitte ich dich, alles, was du bis jetzt in deinem Leben über Geld und Reichtum gelernt hast, nur als eine von unzähligen Möglichkeiten der Realität zu betrachten und dir selbst eine neue Sichtweise auf das Thema zu erlauben. Falls du danach doch zu deiner alten Sichtweise zurückkehren wollen solltest, kannst du das natürlich sehr gerne tun – aber für die nächsten Seiten geht's nicht darum, recht zu haben, sondern darum, glücklich und erfüllt zu sein.

Eine der wertvollsten Erkenntnisse, die ich im Laufe meiner eigenen spirituellen Reise und meiner persönlichen Weiterentwicklung hatte und die so viele neue Wege für mich eröffnet hat, ist die, dass nichts in dieser Welt wirklich eine Bedeutung hat, außer der Bedeutung, die wir der Sache geben.

In diesem Universum *ist* einfach alles. Erst durch unsere subjektive Bewertung erhält es eine Bedeutung. Das zu erkennen, war für mich auf so vielen unterschiedlichen Ebenen befreiend, weil es mir ermöglicht hat, das, was ich als Wahrheit akzeptiert hatte, zu hinterfragen und mich nach und nach von all den negativen und einschränkenden Bewertungen zu lösen.

HIGHER-SELF-INSPIRATION
Nichts auf dieser Welt hat eine Bedeutung, außer der Bedeutung, die wir der Sache geben.

Es gibt nicht *die* eine Wahrheit, genauso wenig wie es richtig oder falsch gibt. Was es aber gibt, sind Meinungen, Bewertungen und Überzeugungen. Ich wollte mich nicht mehr täuschen lassen von der Illusion der Angst, des Mangels und der mentalen Begrenzungen. Ich wollte mich in meiner gesamten Schöpferkraft erfahren, frei, echt und liebevoll. Aus diesem tiefen Wunsch heraus, mich selbst zu entfalten und der Stimme in mir zu folgen, die intuitiv wusste, dass es da noch mehr gibt, was ich erfahren kann, begann mein eigener spiritueller Weg, der wie eine Rückkehr zu einer alten Wahrheit in mir war, die ich im Laufe der Zeit vergessen hatte. Ich erlaubte mir selbst, bewertungsfrei genau dort hinzuschauen, wo ich im Mangel war, wo ich mich selbst von der Fülle, die mich umgab, getrennt hatte und wo ich mich in meiner eigenen Schöpferkraft begrenzte. Ich stellte ziemlich schnell fest, dass mir mit dieser Entscheidung jeder neue Tag unendlich viele Möglichkeiten bot, mein Mangeldenken in Fülle zu transformieren. Es war, als hätte ich eine imaginäre Brille abgenommen, mit der ich vorher alles nur verschwommen erkennen und plötzlich ganz klar sehen konnte – als würden die eigenen blinden Flecken plötzlich nicht mehr im Verborgenen sein, sondern sichtbar werden.

Auch wenn dieser innere Prozess wahrscheinlich nie wirklich abgeschlossen ist und immer wieder erneut mit viel innerer Arbeit, Loslassen, Vergebung und Heilung einhergeht, ist es eine wunderschöne Erfahrung zu sehen und zu spüren, wie sich nach und nach alle Bereiche meines Lebens zum Besseren veränderten, weil ich mich in mir verändert hatte. Es gab nur einen Bereich, um den ich die längste Zeit einen großen Bogen machte und den ich immer weiter nach hinten schob: den Bereich der finanziellen Fülle. Ich blühte in allen Lebensbereichen auf, nur im Bereich meiner Finanzen hatte ich keine einzige Blockade gelöst und am Ende des Monats meistens null Euro auf meinem Konto. Ich arbeitete immer viel, studierte tagsüber, kellnerte nachts, und auch später in meinen ersten Jobs, wo ich ein gutes Gehalt verdiente, war am Ende des Monats nichts mehr über. Ich erzählte mir selbst die Geschichte, dass mein Kontostand nichts mit mir zu tun hatte und dass es nun mal einfach so war mit dem Geld – dass nie genug da ist. Erst als ich mich dafür entschied, meinem Herzen zu folgen, meine Vision zu realisieren und mich selbständig zu machen, wurde mir bewusst, dass ich endlich hinschauen musste. Ich konnte diesen blinden Punkt nicht länger ignorieren. Ich spürte, dass es eine der wichtigsten Voraussetzungen dafür sein würde, dass ich meine Vision tatsächlich umsetzen kann, dass ich auch finanziell unterstützt bin.

Mir wurde klar, dass ich nicht weit auf meinem Weg kommen würde, wenn ich mir selbst nicht erlaubte und ermöglichte, einen finanziellen Rahmen zu erschaffen, der mich und meine Vision tragen würde. Auch hier war es also wieder meine eigene Berufung, die mich geradezu dazu zwang hinzusehen, wo ich mich selbst noch begrenzte und wo es an der Zeit war, meine alten Überzeugungen und Glaubenssätze aufzulösen, um mir eine neue Realität erschaffen zu können. Mir war damals noch nicht klar, wie viele wertvolle Erkenntnisse ich dadurch erhalten würde, wenn ich Licht auf diesen blinden Fleck werfen würde. Die erste Hürde, dich ich damals jedoch nehmen musste, bevor ich überhaupt anfangen konnte, mein Geld-Mindset zu verändern, war, die innere Überzeugung aufzulösen, nicht gleichzeitig spirituell und auch finanziell erfolgreich sein zu dürfen. Ich spürte einen enormen Widerstand in mir dagegen aufsteigen, mir selbst zu erlauben, beides sein zu dürfen, weil ich bis jetzt in einem totalen Entweder-Oder-Programm gelebt hatte. Entweder, ich bin spirituell, glücklich und lebe aus dem Herzen, oder aber ich bin reich, verkopft und unglücklich. Beides zusammen bekam ich in meiner damaligen Realität nicht unter einen Hut.

Der Schlüssel, um dieses «entweder … oder …» in ein entspanntes «sowohl … als auch …» zu verändern, war, Geld eine neue Bedeutung zu geben. Bisher hatte ich Geld als einen der Hauptgründe für Konflikte, Streit, Kriege und Probleme gesehen, was es natürlich schwer macht, eine positive Beziehung zu Geld zu entwickeln. Also begann ich, meine eigene Bewertung von Geld zu hinterfragen. Fragen sind eine wundervolle Methode, um neue Blickwinkel einzunehmen und sich der Möglichkeit zu öffnen, dass es noch eine andere Art und Weise gibt, die Dinge zu betrachten. Ich fragte mich zum Beispiel:

Was ist Geld eigentlich wirklich?

Ist Geld wirklich schlecht, und warum haben so viele Menschen (inklusive mir selbst) eigentlich Probleme mit Geld? Kann man glücklich, spirituell und reich gleichzeitig sein?

Ich möchte gerne meine Antworten auf diese Fragen mit dir teilen, weil sie mein komplettes Mindset für immer verändert haben, und ich hoffe, dass sie auch dir den Raum öffnen, dir zu erlauben, in all deinen Lebensbereichen erfüllt zu sein.

1. Was ist Geld eigentlich?

Die Antwort auf diese Frage wird dich wahrscheinlich im ersten Moment wundern und vielleicht sogar einen Widerstand in dir auslösen, weil sie das komplette Gegenteil von dem ist, was wir gemeinhin als Geld betrachten. Aber ich verspreche dir, dass sich deine Fragen gleich auflösen werden.

Wie du weißt, ist alles in diesem Universum Energie, die sich in unterschiedlicher Form materialisieren kann. Geld ist ebenso nichts anderes als Energie. Geld ist weder gut noch schlecht. Es *ist* erst einmal einfach. Es ist ein energetisches Konzept, das von uns Menschen erschaffen wurde, um damit anderen Dingen einen Wert zu geben und um zum Beispiel Waren austauschen zu können. Wir geben Geld für das aus, was für uns einen Wert darstellt. Geld dient dir dazu, ausdrücken zu können, was für dich wertvoll ist und was von dir wertgeschätzt wird. Es ist also nichts anderes als ein energetischer Austausch für das, was dir wichtig ist. Geld ist somit ein Ausdruck von Liebe. Keine Liebe im romantischen Sinne, sondern Liebe im energetischen Sinne. Geld dient uns Menschen, um Liebe in Form von Wertschätzung ausdrücken zu können.

Vielleicht denkst du jetzt: «Aber was ist zum Beispiel mit Steuern? Ich liebe es nicht, Steuern zu zahlen.» Vielleicht liebst du es nicht direkt, Steuern zu zahlen, aber mit Sicherheit wertschätzt du die Tatsache, dass dein Kind kostenlos zur Schule gehen kann, du jederzeit in einem Krankenhaus behandelt werden würdest, wenn es dir an etwas fehlt, und die Straßen, auf denen du zur Arbeit fährst, keine Schlaglöcher haben, oder? Nimm dir einen Moment Zeit, um alles in deinem Leben durchzugehen, wofür du Geld ausgibst, und du wirst feststellen, dass es immer am Ende ein energetischer Austausch von Liebe ist, an dessen Ende etwas steht, was du wertschätzt. Genauso erhältst du Geld von anderen Menschen für die Dinge, die du für sie tust und die einen Mehrwert für sie darstellen, wie etwa deine Arbeit, deine Kunst oder deine Zeit. Liebe, Kreativität und Geld entspringen alle aus derselben schöpferischen Quelle: Diese Quelle bist du selbst. Du bist nicht getrennt von der Fülle, sie entspringt in dir und durch dich und dort, wo sie entspringt, gibt es immer noch mehr davon.

HIGHER-SELF-INSPIRATION

Dort, wo Geld, Kreativität und Liebe herkommen,
gibt es immer noch mehr davon.

2. Ist Geld schlecht, und warum haben so viele Menschen eigentlich Probleme mit Geld?

Geld ist weder gut noch schlecht. Geld ist neutral. Geld hat noch nicht mal mehr einen wahren Gegenwert in Form von Gold, sondern existiert einfach nur auf der Grundlage dessen, welche Bedeutung wir dem Geld geben. Wenn Geld z. B. eine Farbe wäre, wäre es farblos und würde jeweils den Farbton annehmen, den die Person trägt, die das Geld besitzt. Geld selbst macht keine Probleme, sondern der Mensch, der das Geld besitzt, erschafft ggf. die Probleme. Geld führt auch nicht zu Konflikten, sondern die Menschen nehmen Geld als Anlass für Konflikte. Geld an sich hat immer nur den Wert und die Bedeutung, die du dem Geld beimisst. Geld verstärkt einfach nur das, was schon da ist. Wenn du ein guter Mensch bist und viel Geld besitzt, dann wirst du dieses Geld ganz automatisch dafür einsetzen, tolle Projekte zu unterstützen und noch mehr Gutes damit in der Welt zu erschaffen. Weil Geld

Energie ist, passt es sich deiner Frequenz an und vermehrt das, was bereits da ist. Das Gleiche gilt auch für den gegensätzlichen Fall: Wenn Geld in den Händen eines Menschen ist, der grundsätzlich eine negative Frequenz hat und es dafür verwendet, Drogen, Waffen oder Alkohol zu kaufen oder zu produzieren. Es ist aber nicht das Geld, was schlecht ist, sondern die Absicht, in der der Mensch handelt.

HIGHER-SELF-INSPIRATION
Geld an sich ist neutral und passt sich immer der Frequenz an, auf der der Mensch ist, der das Geld benutzt.

3. Warum haben dann so viele Menschen Probleme mit Geld?

Weil Geld für 99,9 % der Menschen nicht neutral ist, sondern vollbeladen mit negativen Glaubenssätzen und Gefühlen. Sie sehen sich nicht als Quelle, sondern nur als der passive Empfänger. Wenn wir ein Problem mit Geld haben, z. B. in Form von Schulden, dann liegt es höchstwahrscheinlich daran, dass wir im Laufe unseres Lebens Geld eine negative Bedeutung oder etwas anderem eine wichtigere Bedeutung gegeben haben. Das zeigt sich in inneren Überzeugungen wie: *«Man muss über Leichen gehen, um reich zu werden ...»*, *«Geld ist dreckig»* oder *«Geld führt zu Konflikten!»* Wenn wir einmal eine solche innere Überzeugung über Geld akzeptiert haben, wird unser Unterbewusstsein natürlich für uns dafür sorgen, dass wir so wenig wie möglich von diesem «dreckigen Geld» haben und wir uns vermeintlich besser fühlen, je weniger wir davon besitzen. Zusätzlich wird diese Überzeugung nicht zulassen, sich positiv mit dem Thema auseinanderzusetzen und zu lernen, wie Geld eigentlich funktioniert, was Geld ist und wie man Geld vermehren kann.

Auf der anderen Seite gibt es auch Menschen mit der Überzeugung, dass nur Geld sie glücklich machen kann oder ihnen Sicherheit oder Selbstwert schenkt. Also häufen sie massenweise Geld an, fühlen sich aber kein Stück wertvoller und werden auch nicht glücklicher. Sie zerstören vielleicht sogar ihre Beziehungen, landen im Burnout oder machen einen Job, der sie überhaupt nicht erfüllt. Auch hier wird Geld wieder eine Bedeutung gegeben, die nicht funktionieren kann, weil Geld an sich nichts tut. Geld wird dir niemals das Gefühl geben können, ein wertvoller Mensch zu sein, oder dich glücklich machen. Geld kann dir nur dazu dienen, damit etwas außerhalb von dir einen Wert zu geben. Du kannst dir zum Beispiel mit Geld allen möglichen materiellen Reichtum kaufen, aber es kann dir nicht das Gefühl von einem inneren Mangel ersetzen. Um ein positives Verhältnis zu Geld zu entwickeln und es wieder als Energie durch das eigene Leben fließen zu lassen, ist es notwendig, die eigenen mentalen und emotionalen Überzeugungen über Geld zu überprüfen und zu verändern.

***

HIGHER-SELF-INSPIRATION
Den einzigen Wert, den Geld hat, ist der Wert,
den wir ihm geben.

4. Kann man glücklich, spirituell und reich gleichzeitig sein?

Die Antwort auf diese Frage ist ganz einfach: Ja.

Spirituell zu sein, bedeutet, zu verstehen, dass du Teil von allem bist und alles ein Teil von dir. In dir ist die Quelle der Fülle. Du bist nicht von dem getrennt, was du manifestieren möchtest. Spiritualität ist ein Weg der inneren Entfaltung und der schrittweisen Rückkehr zu deiner Essenz. Diese Essenz ist Liebe. Geld ist nichts anderes als ein Ausdruck von Liebe. Geld ist Energie, die fließen und die genutzt werden möchte. Es ist dein ganz natürliches Recht, diese Fülle durch dich hindurchfließen zu lassen und Geld als eine mögliche Form zu nutzen, um deine Wertschätzung für die Arbeit von anderen Menschen auszudrücken und genauso selbst Geld als Wertschätzung für den Mehrwert, den du in das Leben anderer Menschen bringst, anzunehmen. Das Universum strebt immer nach Ordnung, Harmonie und Wachstum. Wenn du in dir ein friedliches Verhältnis zu Geld und Fülle erschaffst, trägst du zu dieser Harmonie durch deine innere Haltung bei. Geld ermöglicht dir, Gutes zu tun und Projekte zu unterstützen, die die Welt zu einem besseren Ort machen. In dem Moment, wenn wir Geld gemeinsam nicht mehr als etwas betrachten, das wir festhalten, um das wir kämpfen müssen oder das uns erfüllen soll, gibt es keine Geldprobleme mehr, weil es frei fließen könnte, um einander in unseren Visionen zu unterstützen und es dort einzusetzen, wo es am meisten gebraucht wird.

HIGHER-SELF-INSPIRATION
Geld ist Energie, die fließen und die genutzt werden möchte.

Warum deine Beziehung
zu Geld wichtig ist

Stell dir vor, es klingelt bei dir an der Tür, und als du die Tür öffnest, steht dort Geld. Aber nicht in Form von Geldscheinen, sondern in der Gestalt eines Menschen. Schau dir Geld einmal genau an. Wie sieht dieser Mensch aus? Ist er klein oder groß? Dick oder dünn? Sieht er gesund oder krank aus? Wie fühlt es sich für dich an, dass Geld bei dir vor der Tür steht? Freust du dich ihn/sie zu sehen? Fühlt es sich gut an, dass er/sie da ist, oder steigen in dir negative Gefühle hoch, wie Angst, Scham, Wut oder auch Hilflosigkeit? Würdest du Geld hereinbitten, einen Kaffee anbieten und dazu einladen, es sich bei dir richtig schön gemütlich zu machen, oder schlägst du ihm/ihr die Tür direkt vor der Nase zu? Welchen Eindruck macht er/sie auf dich? Sieht Geld glücklich aus oder ist er/sie traurig, fühlt sich abgelehnt, vielleicht sogar von dir verachtet? Würdest du dich gerne besuchen kommen, wenn du Geld wärst?

All die Antworten, die du dir jetzt gegeben hast, geben dir einen guten ersten Eindruck darüber, wie du über Geld denkst und wie deine Beziehung zu Geld ist. Wenn dieser Moment in dir keine guten Gefühle ausgelöst hat und du Geld nicht mit einer großen Umarmung in deine Wohnung einlädst und ihr euch beide freut, euch zu sehen, dann ist deine Beziehung mit Geld noch nicht harmonisch, sondern auf irgendeiner Ebene gestört oder belastet.

Falls Letzteres bei dir der Fall ist, kann ich dich beruhigen und dir versichern, dass du damit nicht allein bist. Die wenigsten Menschen leben in einer positiven Beziehung mit Geld. Geld bedeutet für sie meistens Mangel, viel Arbeit, Stress, Streit, Konflikte und vielleicht sogar Existenzangst und Trennung.

In meiner Familie war Geld eines der Themen, das in den meisten Fällen direkt schlechte Stimmung und negative Gefühle auslöste. Meistens wurde das Thema komplett gemieden, aber wenn dann darüber gesprochen wurde, klang immer ein unterschwelliger Ton von Mangel mit und dass Geld etwas Schlechtes war, von dem man besser nicht zu viel haben sollte. Reich zu sein oder finanziell erfolgreich, war nichts, was positiv bewertet wurde, im Gegenteil, es herrschte eher die Meinung: «Lieber glücklich sein als reich.» Zusätzlich war Geld mit einer Menge Vorwürfe von meinen Eltern an ihre Eltern behaftet, was nicht gerade dazu beitrug, dass wir als Kinder eine positive Meinung über Geld mitbekamen. So wurde das negative Geldbewusstsein von Generation zu Generation weitergegeben. Ich hatte lange Zeit meines Lebens das Gefühl, dass Geld ein Thema ist, über das man nicht spricht und mit dem man sich auch nicht beschäftigt. Ich war der Meinung, dass es irgendwie normal ist, Geldprobleme zu haben und dass es sogar besser ist, weniger Geld zu besitzen. Je älter ich wurde, desto stärker wurden die negativen Gefühle wie Scham und Hilflosigkeit, wenn es bei mir ums Geld ging. Es war wie eine Spirale nach unten, die sich irgendwann verselbständigte. Es kam mir überhaupt nicht in den Sinn, dass es auch eine völlig andere Art und Weise gibt, wie ich mit Geld umgehen könnte.

Einen der Höhepunkte meines Geldmangels erreichte ich, als ich für ein Semester in den USA, Berkeley, studierte, wofür ich ein Stipendium bekommen hatte. Zuvor hatte ich in Deutschland immer parallel zu meinem Studium gearbeitet und mir meinen Lebensunterhalt so weit finanzieren können, dass ich am Ende des Monats bei Null rauskam, aber in Berkeley war es das erste Mal, dass ich aufgrund meines Visums nicht parallel arbeiten konnte und ich auch nichts angespart hatte. So saß ich dann da im wunderschönen Berkeley, komplett pleite und noch nicht mal in der

Lage, mir ein normales Zimmer zu leisten, weil die Kosten drei bis vier Mal so hoch waren wie in Berlin. Nach langem Suchen fand ich schließlich – voller Freude – ein Angebot für ein Zimmer, das mit 400 $ im Monat weniger als die Hälfte von allen anderen Zimmern kostete, die angeboten wurden. Als ich hinfuhr, um es mir anzuschauen, zeigte mir die Vermieterin jedoch kein Zimmer, sondern eine Besenkammer, in die mit viel Glück und Quetschen maximal eine Matratze passen würde. Diese Besenkammer sollte für die nächsten sechs Monate mein Zuhause werden. Ich versuchte, sie mir so hübsch wie möglich zu machen, aber da tatsächlich nicht mehr als eine kleine Matratze in das Zimmer passte, hielten sich die Möglichkeiten in Grenzen. Hatte ich trotzdem eine tolle Zeit? Natürlich! Es war eine wunderschöne und inspirierende Zeit, an die ich immer wieder zurückdenke, und ich bin unendlich dankbar für die Möglichkeit, dass ich dort studieren durfte. War ich aber in dieser Zeit entspannt und sorgenfrei? Nein, das war ich nicht. Ich war ständig damit beschäftigt, alles tausendmal durchzurechnen und jeden Dollar doppelt umzudrehen. Ich versuchte, so wenig Geld wie nur möglich auszugeben, machte mir zum Frühstück, Mittagessen und Abendbrot meistens Haferflocken mit Milch, weil es das Günstigste war, was ich finden konnte, und lebte komplett auf Pump über meine Kreditkarte. Fühlte sich das gut an? Nein, das tat es nicht. War mir damals klar, dass dieses Problem einzig und allein damit zusammenhing, wie ich über Geld dachte und was ich bis dahin über Geld gelernt hatte? Nein, das war es nicht, weil dieses Mangeldenken meine Realität geworden war. Dass es auch komplett anders und entspannt sein könnte, war in meiner Vorstellung überhaupt nicht existent. Und genau das war das Problem.

Ich hatte mir ein Leben im Mangel erschaffen, basierend auf meinen eigenen Überzeugung über Geld, das mich nicht mehr sehen ließ, dass es auch ganz anders möglich wäre. Ich war wie mental blind für eine andere Möglichkeit und ein Leben in finanzieller Fülle. Rückblickend würde ich am liebsten zu meinem jüngeren Ich reisen und ihm sagen, dass der einzige Mensch, der dieses Mangeldenken auflösen kann, es selbst ist und dass es einfach nur sein Denken und seine daraus resultierenden Verhaltensmuster ändern müsste, um aus diesem ewigen Geldstress rauszukommen.

HIGHER-SELF-INSPIRATION
Angst blockiert den Geldfluss in deinem Leben.
Wertschätzung gegenüber Geld lässt dich zu
einem Kanal für Fülle werden, durch den Geld ganz
natürlich in dein Leben fließen kann.

Zum Glück ist es niemals zu spät, um das eigene Denken zu ändern, sodass es bei mir zwar noch ein paar Jahre gedauert hat, bis der Groschen endlich gefallen ist und ich meine blockierende Geldglaubenssätze aufgelöst habe, aber dafür bin ich heute finanziell frei und sehr dankbar, dass ich durch das Geld dabei unterstützt werde, meine Vision zu verwirklichen und ein erfülltes Leben zu erschaffen. Heute öffne und überweise ich jede Rechnung mit einem Gefühl der tiefen Dankbarkeit und Verbundenheit, weil ich weiß, dass diese Rechnung bedeutet, dass jemand auf der anderen Seite etwas Wertvolles für mich getan hat. Ich freue mich über jede Rechnung, die ich überweisen darf, und denke mir jedes Mal: «*Danke, lieber Mensch, der du jetzt dieses Geld von mir empfängt, dass du etwas für mich getan hast, dass du Zeit und Energie für mich aufgewendet hast, mir geholfen hast und dass du mich mit deiner Dienstleistung/deinem Produkt unterstützt hast …*»

Jedes Mal, wenn ich mit Geld in Berührung komme oder über Geld spreche, bin ich voller Wertschätzung und Liebe. Ich verbinde mich aktiv und bewusst mit der Fülle in diesem Universum und lasse sie durch mich noch mehr werden. Geld ist nichts anderes als Energie, die fließen möchte. Während Angst den Geldfluss blockiert, wirst du mit einer inneren Haltung aus Liebe und Wertschätzung zu einem Kanal von Geld, und es wird ganz natürlich in und durch dein Leben fließen können.

ÜBUNG: **Erschaffe eine erfüllte Beziehung zu Geld**

Die guten Nachrichten sind, dass es bei dir nicht annähernd so lange dauern muss wie bei mir. Du kannst jetzt direkt anfangen, dein Geld-Mindset komplett zu transformieren und deine Beziehung zu Geld zu heilen. Der erste Schritt dafür ist es, dir darüber bewusst zu werden, welche Beziehung du überhaupt zu Geld hast und deine innere Welt nach blockierenden Glaubenssätzen zu erforschen. Nach dem Besuch von Geld vor deiner Tür am Anfang des Kapitels hast du schon ein erstes Gefühl dafür bekommen, wie es um deine Beziehung zum Geld steht. Wir müssen aber noch wesentlich genauer werden, um alles ans Licht zu holen, was dich blockiert, um dich von deinen blockierenden Glaubenssätze befreien zu können.

SCHRITT 1
Erforsche deine Moneystory

Das, was du glaubst, was Geld ist, ist nichts anderes als eine Geschichte in deinem Kopf. Eine Geschichte, die mit jeder Menge Emotionen, Erfahrungen, Beobachtungen und Schlussfolgerungen beladen ist und die du dir so oft und so lange erzählt hast, bis du sie geglaubt hast. Die Geschichte wird jedoch nur so lange Kraft über dich und dein Leben haben können, solange du ihr glaubst und sie in deinem Unterbewusstsein wirken kann. Je ehrlicher du deine eigene Geldgeschichte anschaust und ans Licht bringst, umso leichter wird es sein, sie zu transformieren. Um alle Hauptdarsteller und die wichtigsten Szenen deiner Geschichte kennenzulernen, habe ich dir ein paar Fragen zusammengestellt. Nimm dir bitte die Zeit, die Fragen für dich schriftlich und in Ruhe zu beantworten:

Was sind deine frühesten Gelderinnerungen?
Wie wurde bei dir zu Hause über Geld gesprochen?
Welche Geschichten wurden bei dir zu Hause über Geld
aus der Vergangenheit erzählt?
Gab es Menschen in deinem nahen Umfeld, die Vorur-
teile gegenüber Geld hatten? Wenn ja, welche?
Gab es Konflikte, Streit oder eine Trennung in deiner
Familie wegen Geld?
Hast du dich als Kind finanziell sicher gefühlt oder war
Geld ein belastendes Thema?
Welche Erfahrungen hast du bei Freunden und in der
Schule mit Geld gemacht?

Enttarne deine Glaubenssätze

Lies dir im nächsten Schritt bitte deine Antworten durch und schreibe alle blockierenden und negativen Glaubenssätze raus, die du von deinen Erfahrungen ableiten kannst. Hier sind zusätzlich einige Beispiele:

«Es ist nie genug Geld da.»

«Geld wächst nicht auf Bäumen.»

«Geld muss man sparen.»

«Geld führt zu Streit und Trennung.»

«Geld macht die Familie kaputt.»

«Entweder reich oder glücklich.»

«Geld verdirbt den Charakter.»

«Viel Geld zu verdienen, ist hart und schwierig.»

«Ich fühle mich schlecht dabei, reich zu sein, während andere arm sind.»

«Ich möchte anderen nichts wegnehmen.»

«Es ist egoistisch, viel Geld zu besitzen.»

«Ich fühle mich schlecht dabei, Geld auszugeben.»

«Nur schlechte Menschen werden reich.»

«Geld ist schmutzig.»

«Du kannst nicht alles haben.»

«Ich habe Angst, abgelehnt zu werden, wenn ich mehr Geld verdiene, als die Menschen, die mir nahestehen.»

«Ich darf nicht mehr als meine Familie/Freunde verdienen.»

«Reiche Menschen sind Angeber.»

«Meine Familie hatte nie viel Geld, deswegen werde ich auch kein Geld haben.»

«Von Nichts kommt nichts.»
«Ich kann nicht mit Geld umgehen.»
«Geld bringt viele Neider mit sich.»
«Es ist zu spät, um reich zu werden.»
«Kaum hat man etwas Geld gespart, kommt die nächste Katastrophe.»
«Kaum ist Geld da, ist es auch schon wieder weg.»
«Den Besitz von Geld kann man nicht beeinflussen.»
«Ich kann mir das nicht leisten.»
«…»

Bewerte jetzt jeden einzelnen der Glaubenssätze, die du aufgeschrieben hast, auf einer Skala von 1 bis 5 nach ihrer mentalen Wirkkraft auf dich (1 = sehr stark / 5 = nicht stark). Wähle jetzt alle Glaubenssätze aus, die du auf der Skala mit einer 1 oder 2 bewertet hast und finde für jeden dieser Glaubenssätze die gegenteilige Behauptung. Stell dir vor, du wärst dein eigener Anwalt, dessen Job es ist, für jeden deiner einzelnen negativen Glaubenssätze einen positiven neuen Glaubenssatz zu finden, der dich stärkt, zum Beispiel:

«Es ist nie genug Geld da»
kannst du transformieren in:
«Geld ist im Überfluss vorhanden.»

«Geld führt zu Streit und Trennung»
kannst du transformieren in:
«Mit Geld kann ich sehr viel Positives bewirken.»

«Du kannst nicht alles haben»
kannst du transformieren in:
«Die Quelle der Fülle ist in mir. Ich kann alles haben, was ich möchte.»

Lies dir jetzt den negativen und dann den positiven Glaubenssatz laut vor. Spüre in dich hinein, wie sich diese Worte jeweils für dich anfühlen und welche Energie sie haben. Werde dir darüber bewusst, was für eine unterschiedliche Wirkungskraft sie auf dich haben und wie unterschiedlich dein Leben verläuft, abhängig davon, welchen der beiden Sätze du glaubst. Jeder einzelne negative und blockierende Geldglaubenssatz trägt dazu bei, dass es schwer für dich sein wird, eine harmonische und erfüllte Beziehung zu Geld zu entwickeln und genügend zu verdienen. Es ist wie eine energetische Mauer, die du um dich herum gebaut hast, die kein Geld durchlässt. Die negative energetische Schwingung, die von diesen Gedanken ausgeht, führt automatisch dazu, dass Geld entweder gar nicht erst in dein Leben fließen kann oder direkt wieder verschwindet, wenn denn welches da war. Du brauchst theoretisch sogar nur deinen Kontostand anzuschauen, um zu sehen, wie du in Wahrheit über Geld denkst. Dein Kontostand ist kein zufälliges Ergebnis, sondern direkt abhängig davon, was deine Geldglaubenssätze sind und wie sehr dein Unterbewusstsein davon überzeugt ist, dass es besser ist, wenig oder am besten gar kein Geld zu haben. Es ist eines der interessantesten Phänomene, dass Menschen, die eine Gehaltserhöhung bekommen haben, ihre Ausgaben im selben Maße steigen lassen wie ihre Einnahmen, so dass sie am Ende des Monats genauso wenig wie vorher auf ihrem Konto haben. Um mehr Geld in deinem Leben zur Verfügung zu haben, musst du also nicht mehr arbeiten oder mehr sparen, sondern deine Glaubenssätze, deine inneren Überzeugungen und vor allem die damit verbundenen Emotionen verändern.

Löse negative Gefühle rund ums Geld auf

Unsere Gedanken beeinflussen unsere Gefühle. Genauso lösen auch deine Geldglaubenssätze bestimmte Gefühle in dir aus. Das können zum Beispiel Gefühle wie Scham, Hilflosigkeit, Wut, Angst oder Traurigkeit sein, die deine Beziehung zu Geld maßgeblich beeinflussen. Gefühle wiederum führen dazu, dass wir uns auf eine bestimmte Art und Weise verhalten. Die negativen Gefühle zu Geld und Fülle in deinem Leben bewirken, dass du dich Geld gegenüber nicht wie ein erfüllter, glücklicher Mensch verhältst, sondern in der Rolle des verletzten kleinen Kindes bleibst, dessen negative Erfahrungen nie geheilt worden sind. In Wahrheit hast also gerade nicht du die Kontrolle über die finanzielle Fülle in deinem Leben, sondern das kleine Kind in dir. Solange das Kind in dir keine guten Gefühle mit Geld und Fülle verbindet, wirst du unbewusst zum Beispiel mit Trotz, Abwehr, Ignoranz, Geiz oder übermäßigen Konsum reagieren. Du wirst dich nicht gerne mit Geld beschäftigen, weil es in dir immer wieder negative Gefühle oder Erinnerungen hervorruft. Jede Rechnung in deinem Briefkasten wird bei dir Angst auslösen, in Gehaltsverhandlungen wirst du dich nicht durchsetzen, und du wirst immer ein unterschwelliges Gefühl von Mangel mit dir tragen. Nicht, weil nicht genug Geld da wäre, sondern weil du dich selbst von dieser Quelle abgeschnitten hast. Schau hier bitte ganz, ganz ehrlich hin, und dann werde dir bewusst: Es ist überhaupt nichts Schlimmes, wenn es gerade so ist. Das Wichtigste ist, dass du jetzt all deinen Mut zusammennimmst und du dir bewusst darüber wirst, dass nur du deine Situation verändern kannst und dass es eine Lösung dafür gibt.

Um deine Gefühle zu Geld positiv zu verändern und damit du dich auch in Hinblick auf Geld und Fülle sicher und geliebt fühlen kannst, ist es wichtig, dir über deine Gefühle zu Geld und ihren Ursprung bewusst zu werden. Nimm dir für diese Übung Zeit und Ruhe.

Meditation für ein erfülltes Geld-Mindset

Schließe deine Augen, atme tief ein und aus. Entspanne dich und bitte jetzt deinen weisen inneren Anteil, dich zu der ersten Situation in deinem Leben zu führen, in der du dich hilflos, verängstigt, traurig, beschämt, schuldig oder wütend wegen Geld gefühlt hast. Stelle dir vor, wie du dich selbst als Kind in dieser Situation wie auf einer Kinoleinwand sehen kannst. Beobachte, was in dieser Situation passiert.

Dann steige jetzt in die Situation ein, so, als würdest du durch die Leinwand hindurch in die Szene eintreten, und gehe zu deinem inneren Kind. Nimm es hier in den Arm, halte es fest, schenk ihm alle Liebe, die es braucht. Frage es: «Warum fühlst du dich in dieser Situation hilflos, verängstigt, traurig, beschämt, schuldig oder wütend?»

Höre dir an, was dein inneres Kind dir zu sagen hat. Was sind die Schlussfolgerungen und Glaubenssätze, die dein inneres Kind aus dieser Situation für sich mitgenommen hat?

Sage deinem inneren Kind jetzt all das, was es in dieser Situation eigentlich hätte hören, sehen und erfahren müssen, um eine gesunde und erfüllte Beziehung zu Geld haben zu können. Erzähle ihm davon, dass nicht Geld das Problem ist, sondern dass das Verhalten der Menschen und ihre Ängste dazu führen, dass sie z. B. gemeine Dinge sagen oder tun. Sage ihm, dass es in einem Universum der Fülle lebt und ihm all diese Fülle zur Verfügung steht. Dass es sich selbst vertrauen kann und Liebe und Fülle in allen Lebensbereichen erfahren darf. Spüre hier, wie dein inneres Kind diese neuen Informationen aufnimmt und sich mehr und mehr entspannt. Es gibt nichts, wogegen es kämpfen muss oder was es festhalten muss. Es ist sicher, geliebt und beschützt.

Stell dir jetzt im nächsten Schritt vor, wie zwischen deinem inneren Kind und der Person, weswegen sich dein inneres Kind verunsichert/verängstigt/schuldig/beschämt/hilflos/traurig/wütend/hilflos gefühlt hat, ein Band gespannt ist, das beide miteinander verbindet (falls mehrere Personen beteiligt waren, sprich die Sätze nacheinander für alle Personen einzeln).

Bitte dein inneres Kind, die folgenden Worte an die Person zu richten, mit der das Band verbunden ist:

«Du hast mir weh getan. Deinetwegen habe ich mich verunsichert/verängstigt/schuldig/beschämt/hilflos/traurig/wütend/hilflos gefühlt. Aber ich wähle jetzt neu. Ich vergebe dir für dein Verhalten und für das, was du getan hast. Ich wähle, frei zu sein. Frei von Vorwürfen und frei von blockierenden Glaubenssätzen. Ich möchte ein erfülltes Leben erschaffen und dafür lasse ich jetzt alles los, was mich energetisch, mental und emotional von dieser Fülle und der Liebe getrennt hat. Ich wähle, die Fülle und Liebe wieder vollkommen in mein Leben einzuladen. Ab heute fällt es mir leicht, Geld mit Leichtigkeit zu vermehren und Fülle im Universum durch mich hindurch entstehen zu lassen, weil ich keine Blockade und keine Angst mehr vor Geld habe. Ich bin mir darüber bewusst, dass Geld mich nicht glücklich machen kann, sondern einfach nur eine Energie ist, die mich dabei unterstützt, bestimmte Dinge in meinem Leben manifestieren zu können und um mir genau das Leben zu erschaffen, das ich gerne leben möchte. Geld ist eine Möglichkeit, um noch mehr Gutes in die Welt zu bringen, und je mehr ich davon verdiene, desto mehr Gutes kann ich damit tun. Ab sofort sehe ich Geld als eine Ausdrucksform der Wertschätzung und bin großzügig im

Umgang damit. Je mehr Wertschätzung ich durch Geld in die Welt bringe, desto mehr Wertschätzung fließt auch in Form von Geld zu mir zurück. Ich erlaube mir, sowohl spirituelles als auch materielles Wachstum in meinem Leben zu erfahren. Es gibt keine Grenzen, außer die, die ich mir selbst setze. Ich bin frei in meiner Schöpferkraft. Ich bin dankbar, diese Erfahrung gemacht zu haben, denn sie ermöglicht mir heute, in die Fülle des Universums einzutauchen und spirituell zu wachsen. Danke an all meine negativen Gefühle, dafür, dass ihr mich hierhin geführt habt, um jetzt diese Erfahrung heilen zu können. Ihr habt euren Job gut gemacht, und ich lasse euch jetzt gehen. Ich brauche euch nicht mehr.»

Mit jedem Wort, dass dein inneres Kind spricht, spürst du mehr und mehr, wie sich der Kanal der Liebe und Fülle wieder in deinem Leben öffnet. Stell dir vor, wie jetzt ein wunderschönes helles, weißgoldenes Licht das Band durchtrennt und alle negative Energie dieser Situation durch alle Zeit, Raum und Dimensionen reinigt und transformiert.
Bedanke dich für diese unglaubliche Stärke und innere Kraft bei deinem inneren Kind. Nimm es noch mal in den Arm und verabschiede dich von ihm. Sieh nun die Situation noch mal von außen auf der Leinwand. Gib der Situation eine neue Farbe, eine neue Kraft, und sieh, wie dein inneres Kind völlig entspannt und voller Vertrauen in dieser Situation ist. Spüre, dass diese Situation jetzt eine völlig neue Energie hat und du frei bist.
Atme tief ein und aus, und wenn du so weit bist, dann öffne deine Augen und kehre erfüllt zurück ins Hier und Jetzt. Du kannst diese Meditation für alle Situationen wiederholen, in denen du noch das Gefühl haben solltest, dass sie sich energetisch, emotional oder mental negativ auf die Fülle in deinem Leben auswirken.

Lebe erfüllt

Jetzt, wo deine emotionalen und energetischen Blockaden rund ums Geld und deine finanzielle Fülle aufgelöst sind, kannst du mit Leichtigkeit und einem befreiten Gefühl beginnen, auch dein Verhalten zu verändern und dadurch eine erfüllte Beziehung zum Geld herstellen.

Hab regelmäßig ein Date mit deinem Geld

Nimm dir das nächste Wochenende Zeit für dein Date mit dem Geld. Warte nicht auf den richtigen Moment, die richtige Sternenkonstellation oder darauf, dass du dich bereit fühlst, um dich um deine finanzielle Fülle zu kümmern. Mach dir einen Termin in deinem Kalender und halte diesen Termin ein. Die guten Gefühle werden nachher kommen, vertraue darauf. Mach dir einen leckeren Kakao oder Tee, zünde dir Kerzen an, mache es dir so richtig schön gemütlich, und hole alle Unterlagen raus, die mit Geld in deinem Leben zusammenhängen. Verschaffe dir einen Überblick über deine Einkünfte und deine Ausgaben. Hefte alle Belege und Kontoauszüge in einem schönen Ordner ab, geh all deine Kontounterlagen in Ruhe durch. Du kannst dir auch auf dem PC eine Tabelle anlegen, in der du alles einmal aufschreibst: Was sind meine Einnahmen? Was sind eigentlich meine Ausgaben? Wo kommt Geld her und wo geht es hin? Welche Rechnungen habe ich noch nicht bezahlt? Die Klarheit, die du dadurch erhältst, wird dir helfen, wesentlich bessere Entscheidungen treffen zu können und viel entspannter im Umgang mit Geld zu sein.

Auf der Handlungsebene ist der allerwichtigste, erste Schritt, dich hinzusetzen und den Mut zu haben, dich um deine Finanzen zu kümmern und zu sagen: «*Ich bin nicht länger bereit, mich von der Fülle um mich herum abzutrennen und dass Geld für mich weiterhin ein angstbehaftetes oder negativ besetztes Thema ist. Ich bin jetzt bereit, in Fülle zu sein. Ich bin bereit, dass mehr Geld in mein Leben kommen darf. Ich habe die Gesetze und Prinzipien von Geld verstanden und handle in Einklang mit ihnen.*»

Fang an, deine Rechnungen mit Freude zu bezahlen. Denke dir bei jeder Rechnung: «*Danke, dass ich die Möglichkeit habe, diese Rechnung bezahlen zu können. Ich wertschätze die erbrachte Leistung sehr und bezahle gerne dafür. Ich bin in Fülle und liebe es, Geld wieder in Umlauf zu bringen.*»

Du wirst überrascht sein, wie sich der Geldfluss in deinem Leben verändern wird, wenn du regelmäßig ein Date mit deinem Geld hast und dir einen Überblick über deine Finanzen verschaffst. Es wird wahrscheinlich sogar der Tag kommen, an dem du anfängst, dich auf dieses Date zu freuen, weil du spürst, wie es zur Fülle in deinem Leben beiträgt. Seitdem ich vor Jahren damit begonnen habe, hatte ich nie wieder ein finanzielles Problem oder das Gefühl, im Mangel zu sein. Im Gegenteil sogar, Geld fließt aus den unerwartetsten Quellen zu mir, und ich bin unendlich dankbar, dadurch wiederum soziale Projekte unterstützen und mein eigenes Unternehmen auf einem sicheren Fundament aufbauen zu können.

Sprich über Geld wie über einen guten Freund

Achte auf die Worte, die du wählst, wenn du über Geld sprichst. Sprache ist ein sehr mächtiges Instrument, mit dem wir unsere Realität erschaffen. Dennoch sind wir uns die meiste Zeit über völlig unbewusst über die Worte, die wir wählen. Sätze wie: «*Das kann ich mir eh nicht leisten*» oder «*Das ist viel zu teuer*» verstärken unbewusst das Gefühl von Mangel in deinem Leben und erzeugen eine Realität, die du eigentlich gar nicht möchtest. Mache es dir zur Gewohnheit, so liebevoll und freundlich über Geld zu sprechen, als würdest du über einen guten Freund sprechen. Werde dir bewusst, wie du über Geld sprichst und wo du über deine Sprache Mangel erzeugst. Halte in diesen Momenten inne und wähle neu. Wähle, mit Liebe über Geld zu sprechen. Ersetze zum Beispiel «*Das kann ich mir eh nicht leisten*» in «*Ich bin dankbar für die Fülle in meinem Leben und die vielen Möglichkeiten, wie Geld in mein Leben fließt*».

Werde dir über die Fülle in deinem Leben bewusst

Die universelle Fülle drückt sich auf unendlich viele Arten aus. In der Natur, der Liebe, in Freundschaften, in gutem Essen, in Sonnenuntergängen, in einem Lächeln, in den Augen von Kindern, in lieben Worten, in einer Umarmung, in einem guten Buch oder einfach einem Spaziergang am Meer oder im Wald. Fülle ist überall. Liebe ist überall. Öffne dein Herz für diese Fülle. Werde dir jeden Tag über die unendliche Fülle in deinem Leben bewusst und zelebriere diese Fülle durch Dankbarkeit. Mache es dir zu einem Spiel, so viele Dinge wie nur möglich jeden Tag bewusst wahrzunehmen, für die du dankbar sein kannst. Sage zu dir: «Ich bin dankbar für meine Gesundheit, die wundervollen Menschen in meinem Leben, den frischen Kaffee zum Frühstück, für die Blumen im Garten, für den Sonnenaufgang, …» – und so weiter. Nutze dafür jeden freien Moment, egal, ob du gerade im Supermarkt an der Kasse anstehst oder unter der Dusche bist. Mache es dir zu deiner wichtigsten Aufgabe, bewusst die Fülle in deinem Leben wahrzunehmen, und du wirst automatisch noch so viel mehr Fülle in dein Leben ziehen. Du wirst zu einem Magneten der Fülle werden, weil du auf der Frequenz von Fülle schwingst.

HIGHER-SELF-INSPIRATION
*Werde dir jeden Tag über die unendliche Fülle
in deinem Leben bewusst und zelebriere
diese Fülle durch Dankbarkeit.*

Teile die Fülle, die du erlebst. Werde zu einem Kanal für Geld, damit es durch dich noch mehr Menschen erreichen kann. Mache es dir zur Gewohnheit, jeden Monat einen bestimmten Anteil, zum Beispiel 10 % deines Einkommens, zu spenden. Lass das Universum wissen, dass du im Bewusstsein von Fülle lebst. In dem Moment, in dem du anfängst, Geld zu spenden oder zu verschenken, sagst du dem Universum: *«Ich habe mehr als genug, und ich kann großzügig geben, denn ich weiß, dass die Quelle der Fülle in mir ist.»*

Lass die Fülle in dein Leben fließen

Eines der schlimmsten Dinge für mich ist, zu sehen, wenn Menschen ihrem Talent oder ihrer Berufung nicht folgen, weil sie glauben, dass es nicht wertvoll ist, was sie der Welt zu geben haben und Angst haben, damit kein Geld verdienen zu können. Dein Geschenk für die Welt gehört in die Welt und nicht vor der Welt versteckt. Es wäre ein enormer Verlust für alle, wenn es in dir verborgen bleibt und niemals geteilt werden würde. Dieses Leben ist der falsche Ort, um sicher zu spielen, nie ein Risiko einzugehen und nur das zu tun, was du bereits dein ganzes Leben lang gemacht hast. Wir brauchen dich, dein Licht, deine Einzigartigkeit, deine Lebensfreude und deine ganz eigene Art und Weise, dein Leben zu erschaffen. Halte dich nicht länger zurück. Erlaube dir, deine Einzigartigkeit und deinen Herzensruf mit der Welt zu teilen. Geld sollte niemals der Grund dafür sein, der dich davon abhält, deinen Traum zu leben. Geld existiert, um dich auf deinem Weg und bei der Realisierung deiner Vision zu unterstützen, und nicht, um dich davon abzuhalten. Die Wertschätzung für deine Arbeit beginnt jedoch bei dir selbst. Wenn du dich nicht dafür anerkennst, was du kannst und in die Welt bringst, dann kann es auch niemand anderes für dich tun.

Geld ist ein wunderbarer Spiegel für unsere eigene Selbstwertschätzung. Geld lehrt uns, uns selbst und unsere Arbeit wertzuschätzen und zeigt uns ehrlich und ungeschminkt, wenn wir es nicht tun. Es bringt uns bei, dass Fülle aus dem Spiel aus Geben und Nehmen entsteht. Nichts kann in dieser Welt entstehen, ohne dass es gegeben wird, und gegeben werden kann nur, wenn auch jemand empfängt. Wertschätzung von jemand anderem anzunehmen, bedeutet gleichzeitig auch immer, dem anderen etwas zurückzugeben, nämlich die Freude daran, etwas geben zu können.

HIGHER-SELF-INSPIRATION
*Annehmen und Geben sind die Grundlage,
damit Fülle fließen kann. Wenn eines von
beidem fehlt, gibt es keine Fülle.*

Mit Sicherheit kennst du auch das Gefühl der Vorfreude, wenn du jemandem etwas schenkst, oder wie zufrieden es dich macht, jemand anderen für seine tolle Arbeit bezahlen zu können. Es ist der Tanz aus Geben und Nehmen, der die Fülle in diesem Universum erst lebendig macht. Es ist eine nie endende Bewegung aus Geben, Empfangen, Weitergeben und wieder Empfangen. Das Annehmen ermöglicht das Geben ebenso wie das Geben das Empfangen ermöglicht. Es sind die beiden Seiten derselben Sache, beide habe denselben Wert. Würde auf das Geben oder das Empfangen verzichtet werden, könnte keine Fülle entstehen. Wenn du wahrhaft Fülle leben möchtest, musst du dir erlauben, ebenso freudvoll zu empfangen wie zu geben.

Es ist überhaupt nichts Falsches daran, dass du mit dem, was du in die Welt bringst, Fülle erfahren darfst. Es ist sogar ganz natürlich, dass Fülle in dein Leben fließen möchte, wenn du in Einklang mit dir und deiner Aufgabe hier auf dieser Welt bist, weil dadurch noch mehr Fülle entstehen kann. Das Universum will dich und dein Wachstum unterstützen, denn es ist die Natur des Universums, in Fülle und Überfluss zu sein. Diese Fülle fließt immer um dich herum und durch dich hindurch. Nur du kannst entscheiden, ob du mit oder gegen die Strömung schwimmen möchtest.

ÜBUNG: **Wie du in den Fluss der Fülle einsteigst**

Lies dir bitte die folgenden Sätze durch und unterstreiche diejenigen, die am meisten bei dir auf Resonanz stoßen:

«Ich darf kein Geld für das nehmen, was mir Spaß macht oder mir leicht fällt.»
«Ich brauche eine einzigartige Idee, um damit auch finanziell erfolgreich zu sein.»
«Viel Geld zu verdienen, ist hart und schwierig.»
«Man muss extrem hart für Geld arbeiten.»
«Viel Geld für etwas zu verlangen, ist unmoralisch/dreist.»
«Ich habe es nicht verdient, viel Geld zu haben.»
«Ich habe es nicht verdient, finanziell frei zu sein.»
«Ich bin es nicht wert.»

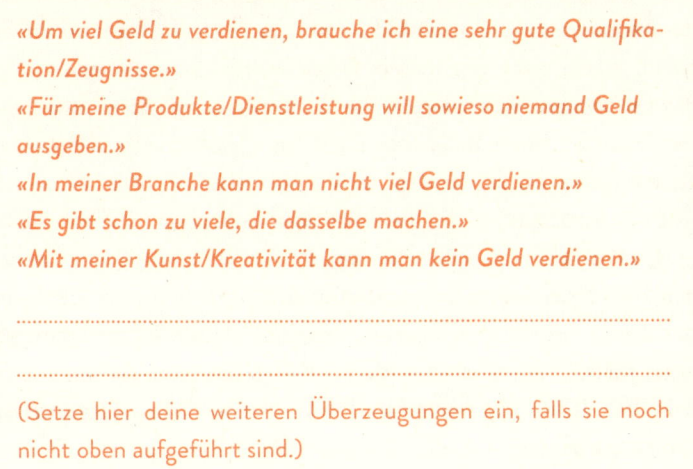

«*Um viel Geld zu verdienen, brauche ich eine sehr gute Qualifikation/Zeugnisse.*»

«*Für meine Produkte/Dienstleistung will sowieso niemand Geld ausgeben.*»

«*In meiner Branche kann man nicht viel Geld verdienen.*»

«*Es gibt schon zu viele, die dasselbe machen.*»

«*Mit meiner Kunst/Kreativität kann man kein Geld verdienen.*»

....

....

(Setze hier deine weiteren Überzeugungen ein, falls sie noch nicht oben aufgeführt sind.)

Jede dieser Überzeugungen lässt dich flussaufwärts gegen die natürliche Strömung der Fülle in deinem Leben schwimmen. Das ist nicht nur unglaublich anstrengend, sondern auf Dauer auch wahnsinnig frustrierend. Du siehst all die Fülle an dir vorbeiziehen und wunderst dich, warum dein Leben so anstrengend ist. Es ist so anstrengend, weil du gegen die Strömung ankämpfst, anstatt dich einfach umzudrehen und dich vom Wasser entspannt flussabwärts treiben zu lassen.

HIGHER-SELF-INSPIRATION
Das Universum ist ein Ort unendlicher Fülle, die sich auch durch dich ausdrücken möchte.

Das Universum kann deine Schwimmrichtung nicht für dich ändern. Es kann dir nur immer und immer wieder die Fülle um dich herum zeigen, aber dich umdrehen und loslassen, kannst nur du selbst. Alles, was du also tun müsstest, ist, deine blockierenden Überzeugungen loszulassen, die dich gegen den Fluss der Fülle anschwimmen lassen. Diese Überzeugungen führen dazu, dass du natürlich ständig besorgt sein musst, dass du nicht von dem leben kannst, was du tust, weil deine Überzeugungen keine Fülle in deinem Leben zulassen. Sie verhindern, dass du kreativ aufblühen kannst und dass das Universum dich auch finanziell für deine großartige Arbeit unterstützen kann. An diesen Überzeugungen festzuhalten, verwehrt dir selbst und anderen Menschen, deine Arbeit und den Mehrwert, den du in die Welt bringst, wertschätzen zu können. Diese blockierenden Überzeugungen zu transformieren und aufzulösen, wird den Kanal für Fülle in deiner Berufung öffnen.

Wähle bitte im nächsten Schritt alle blockierenden Überzeugungen aus, die du unterstrichen hast, und drehe jeden dieser Glaubenssätze in die gegenteilige Behauptung um. Welche neuen Überzeugungen würden dir ermöglichen, dich im Fluss der Fülle umdrehen zu können und ganz entspannt mit dem Strom zu schwimmen? Stell dir vor, wie du dich von diesem Fluss der Fülle gestärkt und getragen fühlst. Welche inneren Überzeugungen ermöglichen dir diese Gefühle?

Anbei findest du einige Beispiele für die Umkehrung:

«Ich darf kein Geld für das nehmen, was mir Spaß macht oder mir leichtfällt»
kannst du z. B. transformieren in:
«Ich erschaffe mit Leichtigkeit und Freude einen enormen Mehrwert für andere Menschen» oder
«Leichtigkeit, Dankbarkeit und Freude sind die beste Frequenz, um noch mehr Fülle in mein Leben zu ziehen».

«Man muss extrem hart für Geld arbeiten»
kannst du z. B. transformieren in:
«Geld fließt ganz natürlich zu mir, wenn ich meinem Element bin»
oder *«Ich liebe, was ich tue und werde dafür sehr gut bezahlt»*.

«Ich habe es nicht verdient, viel Geld zu haben»
kannst du z. B. transformieren in:
«In Fülle zu leben, ist mein natürliches Geburtsrecht» oder
«Je mehr Fülle ich in meinem Leben habe, umso mehr kann ich auch zur Fülle im Leben aller anderen Menschen beitragen».

Vergib dir selbst und wähle neu

Um dich auf der tiefsten Ebene von den Blockaden zu befreien, die bisher verhindert haben, dass die universelle Fülle in dein Leben fließen darf, ist es wichtig, in Frieden mit all deinen negativen Überzeugungen abzuschließen. Das liebevolle Annehmen und Loslassen von all dem, was du bisher über dich gedacht hast, ohne dich dafür abzuwerten, ermöglicht dir einen inspirierten Neuanfang. Nur wenn wir unsere Ängste, Sorgen und Zweifel liebevoll akzeptieren und nicht mehr gegen unsere Schatten kämpfen, werden wir wirklich frei sein.

Die wirkungsvollste Methode für diese innere Befreiung ist Selbstvergebung. Selbstvergebung erlöst uns von dem Anspruch, ein perfekter Mensch sein zu müssen und erlaubt uns, unsere Erfahrungen in wertvolle Erkenntnisse transformieren zu können. Jeder neue Tag ist die Chance, eine neue Wahl darüber zu treffen, wer wir sein wollen und wer wir nicht mehr sein wollen. Selbstvergebung besiegelt diese Transformation durch die heilende Kraft der Liebe.

Vergebung ist jedoch kein einmaliger Akt, es ist eine kontinuierliche innere Arbeit. Mit der Zeit wird es dir immer leichter fallen, dir selbst und anderen zu vergeben, weil du feststellen wirst, wie befreiend es ist, nicht länger an den emotionalen Begrenzungen des Egos festzuhalten, sondern stattdessen in deinem Higher Self zu sein.

Die drei Schritte der Selbstvergebung sind:

1. *Anerkennen*
2. *Vergeben*
3. *Neu wählen*

Wähle für den ersten Schritt eine der Überzeugungen aus, die dich bisher davon abgehalten haben, dass du ein erfülltes Leben erschaffen kannst, z. B.: *«Ich habe es nicht verdient, viel Geld zu haben.»*

Folge der Überzeugung zu ihrem Ursprung: Was war die erste Erfahrung, die diese Überzeugung zu deiner Realität hat werden lassen? Von wem hast du diesen Gedanken ursprünglich übernommen? Wem folgst du mit dieser Überzeugung? Wer bist du dadurch, dass du diese Überzeugung lebst? Inwiefern hat dir diese Überzeugung bisher in deinem Leben gedient?

Lass die Antworten ganz natürlich zu dir kommen, ohne sie als gut oder schlecht zu bewerten. Jede Überzeugung hat einen vermeintlich positiven Grund, weshalb wir gewählt haben, nach ihr zu leben. Dieser Grund scheint manchmal im ersten Moment schwer nachvollziehbar zu sein, aber wenn wir der Überzeugung bis zum Ursprung folgen, werden wir feststellen, dass uns diese Überzeugung für etwas gedient und sie unsere bisherige Identität untermauert hat. Es kann zum Beispiel sein, dass du damals geschlussfolgert hast, dass es für dich sicherer ist, kein oder wenig Geld zu haben, oder aus Loyalität den gleichen Überzeugungen wie denen deiner Eltern zu folgen. Wenn wir die positive Absicht hinter der Überzeugung anerkennen und verstehen, dass sie uns auch auf eine positive Art gedient hat, öffnen wir damit den Raum für eine neue kraftvolle Überzeugung, die ab jetzt an ihre Stelle treten darf. Wir können die alte Überzeugung mit einem guten Gefühl gehen lassen, weil sie ihren Zweck erfüllt hat.

Im zweiten Schritt vergeben wir uns selbst für den Schmerz, den wir auf der anderen Seite durch die Überzeugung erfahren haben. Wir vergeben, dass wir es zu diesem Zeitpunkt nicht besser gewusst haben, als wir die Überzeugung gewählt und mit der besten Absicht gehandelt haben. Wir vergeben, dass wir uns durch diese Überzeugung fälschlicherweise von der universellen Fülle getrennt und uns dadurch das Leben erschwert haben. Durch die ehrliche Anerkennung und Selbstvergebung schließen wir Frieden mit dieser alten Überzeugung und nehmen keinen alten Groll oder alte Vorwürfe mit in unser Leben.

Um die Selbstvergebung aktiv zu praktizieren, stell dich vor einen Spiegel, schau dir selbst in die Augen und sprich die folgenden Sätze laut:

«Ich vergebe mir, dass …

- *ich mich selbst von der universellen Fülle getrennt habe.*
- *ich fälschlicherweise geglaubt habe, es nicht zu verdienen, auch finanzielle Fülle erfahren zu dürfen.*
- *ich es mir selbst in meinem Leben oft schwer gemacht habe.*
- *ich fälschlicherweise geglaubt habe, Geld zu verdienen, müsste hart und schwierig sein.*
- *…»*

Es kann gut sein, dass sich bei dieser Übung viel angestaute Energie löst und dir z. B. die Tränen kommen. Das zeigt, dass sich das Alte löst und Raum für Neues entsteht.

Wähle jetzt im dritten Schritt deine neuen kraftvollen Überzeugungen, die dir das Leben ermöglichen, das du erschaffen möchtest. Du bist befreit, nichts hält dich länger zurück. Vertraue darauf, dass es sicher für dich ist, wenn du dein Leben in vollen Zügen genießt und du in allen Lebensbereichen Fülle erfährst.

Lass deine neuen Überzeugungen zu deiner inneren Wahrheit werden. Schreibe sie dir auf einen Zettel, den du an deinen Spiegel hängst, und lies sie dir jeden Tag laut vor. Sieh vor deinem inneren Auge, wie diese neuen Überzeugungen eine ganz neue Realität für dich ermöglichen. Sieh, wie du bessere und kraftvollere Entscheidungen triffst, wie du in Dankbarkeit die Fülle in dein Leben strömen lässt und wie du voller Leichtigkeit Mehrwert für andere Menschen erschaffst.

MEDITATION: **Verbinde dich mit der Fülle**

Finde einen bequemen Sitz. Schließe deine Augen und atme tief ein und aus. Stell dir vor wie du jetzt an einen wunderschönen Ort reist, ein Ort, an dem du dich sicher und beschützt fühlst. Schau dich einmal an diesem Ort um. Wo bist du hier? Was kannst du sehen? Was kannst du fühlen? Nimm diesen Ort ganz bewusst wahr und spüre die Kraft, die von diesem Ort ausgeht. Während du dich jetzt an diesem Ort umsiehst, bemerkst du plötzlich, wie aus der Ferne jemand auf dich zukommt. Du schaust zu dieser Person, die auf dich zukommt, und du spürst die Energie und die Liebe, die von ihr ausgeht. Als die Person jetzt vor dir stehen bleibt, ist sie umgeben von einem wunderschönen, weißgoldenen, strahlenden Licht. Dieses

Licht strahlt so hell und so klar, dass auch du damit in Berührung kommst und die Kraft von diesem Licht wahrnehmen kannst. Die Person lächelt dich an, und du kannst nicht genau sagen, wer es ist, aber du spürst, dass euch etwas ganz Besonderes miteinander verbindet.

Du fragst die Person: «Wer bist du?», und die Person strahlt dich an und sagt: «Ich bin die Fülle, und ich bin hier, um dich daran zu erinnern, dass ich zu dir gehöre. Komm mit, ich möchte dir etwas zeigen.» Die Fülle nimmt dich liebevoll an die Hand, und vor euch entsteht jetzt eine Brücke aus wunderschönem Licht. Ihr betretet diese wunderschöne Brücke und lauft auf ihr entlang. Mit jedem Schritt fühlst du dich leichter und leichter. Während du auf dieser Brücke entlangläufst, siehst du vor dir plötzlich Bilder entstehen. Du siehst dich selbst in deiner Zukunft. Du kannst auf diesen Bildern sehen, wie du ein Leben in Fülle erschaffst. Ein Bild nach dem anderen entsteht vor dir, und in dem Moment, wo du durch dieses Bild hindurchtrittst, fühlst du dieses kraftvolle Gefühl von einem Leben in Fülle in dir stärker und stärker werden. Du siehst dich selbst, wie du ein Leben in einer erfüllten und glücklichen Beziehung führst, wie du in finanzieller Fülle bist sowie in gesundheitlicher Fülle und in Verbundenheit mit deinen Werten. Du siehst, wie du einen Unterschied auf dieser Welt machst und wie du mit dem, was du hast, mit dem, was du beitragen kannst, einen Unterschied für so viele andere Menschen ermöglichst.

Du siehst Menschen, die dein Produkt in der Hand halten, die das in der Hand halten, was du geschaffen hast. Du siehst Menschen, die sich über die Dienstleistung freuen, die du erbracht hast, und du siehst Menschen, die voller Dankbarkeit sind über den unglaublichen Mehrwert, den du in ihr Leben gebracht hast. Mit jedem Schritt, den du weiter auf dieser Brücke gehst, steigt in dir das Vertrauen in dich selbst und in deine Fähigkeiten. Das Vertrauen in dich und in das, was du in die Welt bringst, wird mit jedem Schritt stärker und stärker. Du kannst plötzlich sehen, welchen Unterschied du für so viele andere Menschen machst. Du kannst sehen, wie viel Freude und Glück du in das Leben anderer Menschen bringst.

Je weiter du auf dieser Brücke gehst, umso größer wird dadurch auch die Freude in dir. Du spürst, wie wichtig es ist, dass du deinen Weg gehst. Du kannst sehen, dass das, was du tust, einen Unterschied in dem Leben von so vielen Menschen macht. Du spürst die Hand der Fülle in deiner Hand und wie die Kraft von der Fülle in dich fließt. Du nimmst wahr, wie viel leichter das Leben ist mit der Fülle an deiner Seite. Die Fülle lächelt dich an und gemeinsam geht ihr jetzt auf dieser Brücke weiter und weiter. Und du siehst mit jedem weiteren Bild auf dieser Brücke, dass du in Fülle bist, auch Fülle in all den Leben um dich herum entstehen kann. Du siehst, wie du ein Kanal für Fülle bist. Du siehst, wie leicht es dir fällt, Geld anzunehmen und es auch wieder weiterzugeben. Du spürst, dass du Teil des Flusses von dieser Fülle bist. Die Fülle fließt durch dich hindurch. Die Fülle kann durch dich mehr werden.

In diesem Moment verstehst du, dass alles durch dich hindurch entsteht. Die Fülle lächelt dich an, und sie weiß, du hast verstanden. In diesem Moment spürst du, wie das Licht der Fülle auch in dich übergeht, wie die Fülle und du eins werdet.

Mit einem Gefühl von unendlicher Sicherheit und Kraft drehst du dich jetzt auf der Brücke um und spazierst auf ihr zurück bis zu dem Punkt, an dem du die Brücke betreten hast. Von dort aus blickst du noch einmal auf die Brücke und all die Fülle, die deine Zukunft für dich bereithält, und verbindest dich mit dem tiefen Gefühl von Frieden, Vorfreude und der Sicherheit, dass alles bereits in dir ist. Du hast gesehen, welchen Unterschied du auf dieser Welt machen kannst, wenn du dir auch erlaubst, in Fülle und in Freude zu sein. Du weißt jetzt, wie wichtig es ist, nicht nur für dich, sondern auch für *alle anderen, dass du deinen Weg gehst. Ja, die Welt braucht dich! Bring jetzt deine gesamte Aufmerksamkeit wieder zurück in deinen Körper. Spüre in dich hinein und aktiviere noch mal diese wunderschöne Verbundenheit mit der Fülle in dir und dem Wissen, dass die Fülle durch dich ab jetzt noch mehr werden darf. Lächle in dich hinein. Atme tief ein und tief aus, und wenn du so weit bist, dann öffne deine Augen und kehre zurück ins Hier und Jetzt.*

Lass dein Higher Self dein Business führen und vermehre die Fülle für alle

Es vergeht kein Tag, an dem ich nicht voller Freude feststelle, wie kraftvoll es ist, meine Spiritualität bewusst mit meinem Business zu verbinden. Ich glaube sogar, dass wir alle wesentlich weniger Stress hätten und ganz andere Ergebnisse, wenn wir der Spiritualität mehr Raum in der Berufswelt geben würden. Nicht nur, dass die geistige Ebene die materielle Ebene bestimmt, auch die eigene Arbeit in einen größeren Kontext zu setzen, der über das eigene Ego hinausgeht, würde eine viel größere Fülle für alle Menschen ermöglichen.

Um genau diesen Raum zu öffnen und die beiden Ebenen Spiritualität und Business in meinem Leben miteinander zu verbinden, habe ich drei goldene Higher-Self-Leitsätze für mich entwickelt, die die spirituellen Säulen für mein Business darstellen. Sie helfen mir immer wieder dabei, ganz neue Aspekte meiner Schöpferkraft zu aktivieren, über mich selbst hinauszuwachsen und Dinge in meinem Business zu verwirklichen, die ich vorher selbst nicht für möglich gehalten hätte. Die drei Säulen sind *Sinn, Entfaltung und Fülle.*

1. GOLDENER HIGHER-SELF-LEITSATZ:
Ich diene gerne und mache alle um mich
herum zu Gewinnern.

Die erste spirituelle Säule ist, deinem Business oder deinem Beruf einen höheren Sinn zu geben, der darüber hinausgeht, einfach nur Zeit gegen Geld zu tauschen. Wir verbringen einen großen Teil unserer Lebenszeit damit, arbeiten zu gehen. Wenn wir diese Zeit in den Kontext von einem höheren Sinn stellen, erleben wir auch in unserem Beruf eine viel größere Erfüllung und aktivieren in uns eine ganz andere Stärke.

Der höhere Sinn, den ich meiner Arbeit und meinem Business gegeben habe, ist, den größtmöglichen Mehrwert für so viele Menschen wie möglich zu erschaffen. Ich möchte mit meiner Arbeit so vielen Menschen wie möglich dienen, ihnen helfen, in ihre Schöpferkraft zu kommen und ein erfülltes, außergewöhnliches Leben zu erschaffen. Meine Arbeit ist keine Arbeit, sie ist vielmehr eine Mission, mit der ich mich mit jeder Faser meines Körpers identifiziere und die mich zutiefst erfüllt. Jede Entscheidung, die ich treffe, überprüfe ich darauf, ob sie nur meinem Ego oder dem tieferen Sinn meiner Arbeit dient. Es fällt mir dadurch leicht, richtig gute und nachhaltige Entscheidungen zu treffen und eine klare Orientierung für mich zu haben. Alles, was nicht in Einklang mit dem Sinn meiner Arbeit ist, sage ich ab und fokussiere mich darauf, einen Mehrwert zu erschaffen.

Unsere Seele möchte anderen Menschen dienen, weil sie sich dadurch als verbunden erfahren kann und nicht länger als getrennt von anderen. Deine Seele weiß, dass, wenn sie alle Menschen um sich herum zu Gewinnern macht und du dich zur Verfügung stellst, um anderen dabei zu helfen, zu bekommen, was sie wollen, du ganz automatisch erfüllt sein wirst. Lass alle Menschen durch dich und mit dir gewinnen, und du wirst immer ein Gewinner sein. Konzentriere deine ganz Aufmerksamkeit darauf, einen enormen Mehrwert für das Leben anderer Menschen zu erschaffen, und du wirst spüren, wie deine Arbeit plötzlich einen viel tieferen Sinn und Wert bekommt. Das gilt nicht nur für deine Kunden, sondern auch für deine Angestellten, deine Kollegen, deinen Chef, deine Lieferanten und alle Menschen, mit denen du zusammenarbeitest. Diese innere Haltung ist Ausdruck reiner Fülle und eines tiefen Verständnisses dafür, dass alles in diesem Universum miteinander zusammenhängt. Die Fülle, die du für andere schaffst, schaffst du im selben Moment auch für dich.

Sorge dafür, dass es einen positiven Unterschied macht, dass du da bist und sage dir jeden Tag: *«Es macht einen Unterschied, dass ich da bin!»* Weil es mit dieser inneren Haltung nicht mehr darum geht, die Bedürfnisse des eigenen Egos zu befriedigen, sondern der Fokus auf dem Mehrwert liegt, den du erschaffst, wird es dir plötzlich auch leicht fallen, Werbung für deine Arbeit zu machen und der ganzen Welt davon zu erzählen. Alle inneren Zweifel, ob deine Arbeit gut genug ist oder ob es vielleicht schon andere gibt, die dasselbe machen, lösen sich auf, weil du deine Aufmerksamkeit einzig und allein darauf richtest, wie du einen positiven Unterschied machen kannst und wie du alle zu Gewinnern machst. Frage dich jeden Morgen: *«Wie können heute Menschen mit mir gewinnen?»*

Der Grund, warum so viele Menschen in ihrem Job ständig gestresst sind und sich selbst unter einen solchen Druck setzen, ist, dass sie ihren Erfolg ausschließlich vom Ergebnis abhängig machen, nicht aber von den Erfahrungen, die sie auf dem Weg zum Ziel sammeln werden. Sie konzentrieren sich nur auf das Ziel und nicht auf den Entwicklungsprozess. Sie sehen das Ergebnis vor ihrem inneren Auge und fragen sich: *«Wird das reichen? Ist das gut genug? Was, wenn ich scheitere? Was, wenn es nicht das Richtige ist? Kann ich das überhaupt schaffen?»*

Wie wäre es aber, wenn wir unsere Arbeit stattdessen als eine wundervolle und ehrliche Möglichkeit der Selbstentfaltung betrachten? Wenn es nicht mehr darum geht, etwas Bestimmtes zu erreichen oder zu erhalten, sondern darum, uns selbst zu entfalten?

Ich nutze meine Arbeit und Berufung ganz bewusst für meine spirituelle Entfaltung. Durch meine Arbeit darf ich wachsen, darf ich mich selbst erkennen, meine Stärken und meine Wünsche kennenlernen – genauso, wie sie mich jeden Tag wieder mit meinen Ängsten und Zweifeln konfrontiert. Ich kann durch meine Arbeit meinem Spirit, meiner Seele Raum geben, sich zu entfalten, und genau das tun, was mich inspiriert.

Lass deine Arbeit nicht abhängig von irgendeinem Ergebnis in der Zukunft sein, sondern ein kontinuierlicher und wandelbarer Weg deiner eigenen Entfaltung. Konzentriere dich auf das, was dich inspiriert – das, was deinen Spirit hervorholt. Erlaube dir, dich auszuprobieren, Fehler zu machen und deiner inneren

Stimme zu folgen. Perfektion verhindert Wachstum, weil sie keine Fehler zulässt. Anzufangen und loszugehen, ist tausendmal wertvoller für deine persönliche und spirituelle Weiterentwicklung als anzukommen. Erst das Losgehen ermöglicht dir überhaupt, Erfahrungen zu machen und Momente in deinem Leben aufzubauen. Löse dich von dem Drang des Egos, alles kontrollieren zu wollen und den eigenen Wert nur von äußeren Ergebnissen abhängig zu machen.

Vertraue darauf, dass du durch diese entspannte innere Haltung Erfolg auf einer ganz anderen und tieferen Ebene erfahren wirst. Du wirst deine Ziele nicht nur wesentlich entspannter erreichen, sondern sie wahrscheinlich sogar bei weitem übertreffen, weil du Raum für Wunder lässt, die das Universum dir auf deinem Weg bereiten wird. Egal, wie das Ergebnis sein wird, du wirst erfüllt ankommen, weil du den Weg bereits genossen hast und mit jedem Schritt dir selbst und deiner Essenz näher gekommen bist.

3. GOLDENER HIGHER-SELF-LEITSATZ:
Die universelle Fülle darf durch mich mehr werden.

Seit der Entstehung des Universums dehnt es sich konstant aus. Es wird nicht kleiner, wird weniger oder bleibt, wie es ist, es vergrößert und erweitert sich ununterbrochen. Es erschafft neue Welten, neue Galaxien, neue Sterne, neues Leben und damit auch mehr Fülle. Es ist die Natur des Universums, etwas kontinuierlich Neues zu erschaffen, die in uns allen wie ein Echo widerklingt. Mit jedem Herzschlag können wir dieses Echo fühlen und werden aufgefordert, uns mit unserer Natur und der universellen Schöpferkraft in uns zu verbinden. Ob du diese Kraft nutzt und für deinen Schöpfungsprozess einsetzt, ist jedoch immer dir überlassen. Die Wahl ist dir immer gegeben, ob du aus deinem Ego heraus erschaffen möchtest oder in Einklang mit deinem Higher Self. Je bewusster du dir darüber bist, dass sich die Fülle durch dich vermehren möchte, desto leichter wird es dir fallen, dich selbst als einen Kanal der Fülle zu betrachten. Dein Business und dein Beruf sind eine wundervolle Möglichkeit, die Fülle für alle, inklusive dir selbst, zu vermehren. Fülle in Form von dem Mehrwert, den du in das Leben anderer Menschen bringst, in Form von Geld, das du anderen Menschen für ihre Arbeit bezahlst und in Form von Dankbarkeit, Wertschätzung und Geld, das wieder zu dir zurückfließt.

Wenn du den ersten beiden goldenen Higher-Self-Leitsätzen bereits folgst, hast du die wichtigste Grundlage für ein erfülltes und erfolgreiches Business gelegt. Dieser dritte Leitsatz soll dir dazu dienen, dass du auch langfristig erfolgreich und erfüllt bleibst und dein Business wachsen kann.

Stell dir hierfür bitte vor, dass es dem Universum vollkommen gleichgültig ist, ob du große oder kleine Ziele für dein Business oder deinen Beruf hast. Es gibt in der Dimension des Universums kein Groß oder Klein. Alles, was es gibt, ist Schöpferkraft. Das Universum unterstützt dich bei allem, was du möchtest. Damit es das kann, lautet die Bedingung, dass du dir glasklar darüber wirst, was du möchtest und was du dafür brauchst. Je klarer du dir darüber bist, was du möchtest und warum du es möchtest, desto leichter wird es für dich sein, deine Schöpferkraft einzusetzen, um genau das auch zu erschaffen. Du kannst alle finanzielle Fülle, die du möchtest, durch dich entstehen lassen, wenn du ihr einen Sinn gibst und ihr ermöglichst zu fließen.

Nimm dir dafür einen Stift, öffne eine neue Seite in deinem Notizbuch, und schreibe ganz genau auf, was genau du verdienen möchtest und bis wann. Zum Beispiel: *«Ich verdiene bis zum*

31.12.2019 150 000 Euro oder mehr.» Diese Summe darf weit außerhalb deiner Komfortzone liegen und einen ganz neuen Standard für dein Leben setzen. Je weiter außerhalb deiner Komfortzone, desto besser, denn der Weg zum Erreichen dieses Ziels wird ein immenses und bisher ungeahntes schöpferisches Potenzial in dir aktivieren. Du wirst im positiven Sinne gezwungen sein, kreativ zu werden und über Möglichkeiten nachzudenken, die vorher gar nicht in deinem Bewusstsein vorhanden waren.

Nachdem ich das erste Mal meine Geldziele aufgeschrieben habe, habe ich mich danach hingesetzt und mir dreißig Möglichkeiten aufgeschrieben, auf welchen Wegen dieses Geld zu mir kommen könnte. Das hat nicht nur unglaublich viel Spaß gemacht, es hat mir auch gezeigt, dass es so viele unterschiedliche Wege gibt und ich einfach nur einen nach dem anderen ausprobieren muss. Die Möglichkeiten, wie Geld in dein Leben fließen kann, sind unendlich. Solange du aber die Möglichkeiten begrenzt (etwa so: «*Ich kann nur über mein Gehalt Geld verdienen*»), gibt es nur diese Wege. Es gibt mittlerweile so unfassbar viele Wege, wie man Geld generieren kann. Alles, was du dafür tun musst, ist einen wirklichen Mehrwert für jemand anderen erschaffen und dich dafür zu öffnen, dass Geld auf ganz unterschiedliche Arten und Weisen in dein Leben kommen darf.

Damit Geld fließen kann, braucht es allerdings einen Grund, es will immer einem Zweck dienen. Einfach nur die Summe aufzuschreiben, würde im Universum noch überhaupt nichts in Gang bringen. Es wäre einfach nur eine Zahl auf einem Zettel, die energetisch leer ist und keine Kraft hat. Um diese Zahl energetisch aufzuladen und sie zu einem Magneten in deinem Leben werden zu lassen, musst du ein starkes emotionales Warum mit ihr verbinden. Warum willst du dir diese Summe verdienen? Was möchtest du mit diesem Geld machen? Wozu soll dieses Geld in dein Leben kommen? Wofür willst du dieses Geld verdienen? Welche Fortbildung willst du dafür machen? Welche Bücher willst du dir davon kaufen? Wohin willst du dafür mit deiner Familie in den Urlaub fahren? Welches Unternehmen willst du vielleicht gründen? Wohin möchtest du Geld spenden? Wem möchtest du eine Freude machen?

Schreibe jetzt auf, warum du diese Summe verdienen möchtest. Warum möchtest du, dass dieses Geld in dein Leben fließt? Was kannst du dadurch erschaffen? Was möchtest du damit machen?

Zum Beispiel: *«Ich werde dieses Geld nutzen, um ...*

- *eine Assistentin einzustellen, um mehr Zeit für neue Projekte zu haben.*
- *einen Webentwickler einzustellen, der meine Website optimiert, damit meine Kunden sich besser zurechtfinden können.*
- *mit meiner Familie in den Urlaub zu fahren und einfach mal die Seele baumeln zu lassen.*
- *10 000 Euro für eine soziale Organisation zu spenden, die sich um Waisenkinder kümmert.*
- *10 000 Euro für meine finanzielle Freiheit fest anzulegen.*
- *...»*

Seitdem ich meine Ziele so täglich aufschreibe, habe ich meinen Umsatz jedes Jahr fast vervierfacht und immer weit mehr verdient, als ich anfangs aufgeschrieben habe. Und das, obwohl ich bereits eine Summe aufgeschrieben habe, die weit außerhalb meiner damaligen Komfortzone war. Dieser Notizzettel hilft mit dabei, meinen Fokus darauf zu behalten, was ich gerne manifestieren möchte, und Fülle in mein Leben einzuladen und durch mich noch mehr werden zu lassen. Es stimmt, Geld an sich macht nicht glücklich, aber es ist ein Mittel zum Zweck, und es kann dir dabei helfen, deine Vision zu verwirklichen und Fülle in dein Leben und das Leben aller anderen Menschen zu bringen. Es gibt keinen Grund, warum du dich dieser Fülle verwehren solltest, denn das würde bedeuten, dass du einem ganz natürlichen Anteil von dir selbst verwehrst, in Erscheinung zu treten. Du verdienst es, mit deiner wertvollen Arbeit für die Welt finanziell unterstützt zu werden und ein Leben in Fülle zu leben.

KAPITEL 4

Die Higher-Self-Deklaration für dein Leben

Bestimmt hast du schon mal vom Höhlengleichnis von Platon gehört. Platon beschreibt darin, wie die Menschen, angekettet in einer Höhle sitzen und gegen die Höhlenwand schauen, wo sie ihre eigenen Schatten sehen, die vom Feuer an die Wand reflektiert werden. Eines Tages gelingt es einem der Menschen, aus der Höhle zu entkommen, und er findet einen Weg ins Freie. Er ist völlig überwältigt, als er das erste Mal die Sonnenstrahlen und die weite Welt vor sich sieht. Voller Freude und Begeisterung kommt er zurück in die Höhle, um allen anderen von der Freiheit und der weiten Welt zu erzählen, die er gerade gesehen hat. Die Menschen in der Höhle aber verstehen nicht, wovon er spricht, lachen ihn aus und starren weiter gegen ihre Wand. Genauso wie die Menschen in dieser Geschichte verhalten sich die meisten Menschen, ohne dass es überhaupt eine Höhle gibt. Sie sind in der Höhle ihrer eigenen Vorstellung von den Überzeugungen darüber gefangen, wer sie glauben zu sein und was für sie vermeintlich möglich ist und was nicht. Sie erzählen sich immer wieder dieselben Geschichten, bis sie sie selbst glauben und sich nicht mehr vorstellen können, dass es auch eine Welt gibt, die frei, hell und voller Möglichkeiten ist. Sie verbringen ihr Leben als Schatten von sich selbst, während sie eigentlich nur einmal aufstehen und die Augen wirklich öffnen müssten, um festzustellen, welches außergewöhnliche Leben sie eigentlich erschaffen könnten. Das Leben kann immer so bunt, vielfältig, leuchtend und erfüllend sein, wie wir es uns selbst erlauben. Die sieben Energiezieher für deine Schöpferkraft aus dem Kapitel 2 sind genau diese Höhle, die um uns herum entsteht, weil wir unseren limitierenden Gedanken und Grenzen mehr Glauben schenken, als der Herzensstimme in uns, und wir im Laufe unseres Lebens von anderen Menschen ihre limitierenden Glaubenssätze übernehmen, ohne selbst jemals die Erfahrung gemacht zu haben. Um endlich diese Höhle zu verlassen und die Welt wieder mit neuen Augen sehen zu können, brauchst du einen Shift in deiner Selbstwahrnehmung. Du musst wie ein Revolutionär deinen inneren Status quo komplett in Frage stellen und die inneren Überzeugungen darüber, was geht und was nicht, hinterfragen. Was, wenn diese Höhle nur eine Illusion ist, so, wie die Menschen Ewigkeiten dachten, die Erde wäre eine Scheibe und keine Kugel? Was, wenn du nur einen Bruchteil von deinem inneren Potenzial bis jetzt kennengelernt hast? Was, wenn du dich von all den Grenzen befreien würdest?

Du kannst dir diese innere mentale und emotionale Selbstbefreiung wie eine Detoxkur für deine Seele vorstellen, wo alles Negative und Giftige für deine Seele aus deinem Bewusstsein gespült wird. Ich nenne diese Detoxkur die Higher-Self-Deklaration. Es ist eine innere Vereinbarung, die du mit dir selbst triffst, darüber, was du für ein Leben erschaffen möchtest und was für dich möglich ist – völlig unabhängig davon, ob alle anderen sagen, dass es geht oder nicht. Deine persönliche Higher-Self-Deklaration lässt dich absolut klar über deinen Weg sein, ohne dich jemals wieder von außen verunsichern zu lassen. Du erschaffst dir ein starkes inneres Bild für deine eigenen Lebensprinzipien, deine Werte, deine Lieblingsgefühle und deine Ziele, an denen du dich wie an einem Nordstern orientieren kannst.

Die Higher-Self-Deklaration basiert auf einem sehr effektiven Vier-Schritte-Prozess, den ich entwickelt habe, um eine klare Orientierung für das eigene Leben zu erschaffen. Die Grundlage für die Higher-Self-Deklaration ist die Blume des Lebens. Die Blume des Lebens ist ein uraltes geometrisches Symbol, das für die vollkommene Ordnung und perfekte Harmonie steht und alle Aspekte des Lebens beinhaltet. Stell dir vor, du hättest eine Schablone, die du über dein Leben legen kannst, um für dich zu überprüfen, ob du gerade das Leben erschaffst, das für dich Glück, Freude und Harmonie bringt. Wäre das nicht wunderbar und würde so viel vereinfachen? Du könntest bei jeder schwierigen Entscheidung einfach deine Higher-Self-Deklaration herausholen und die Entscheidung mit ihr abgleichen – und ebenso klar wirst du dir auch darüber werden, welche Ziele auf deinem Weg die richtigen sind und welche nicht.

Wie du deine Higher-Self-Deklaration verfasst

SCHRITT 1
Was sind deine Lieblingsgefühle?

All unser Handeln hat letztlich immer nur ein Ziel, nämlich dass wir uns auf eine bestimmte Art und Weise fühlen wollen. Wir wollen uns gut, geliebt, wertvoll, gesehen, lebendig oder im Frieden fühlen. Es sind unsere Gefühle, die die Qualität unseres Lebens bestimmen. Wenn wir uns nicht gut fühlen, fühlt sich auch das Leben nicht gut an. Wenn wir uns aber in Frieden mit uns selbst und der Welt fühlen, wenn wir wissen, dass wir wertvoll und geliebt sind, dann hat das Leben plötzlich eine ganz andere Leichtigkeit, die es uns wiederum ermöglicht, unsere Energie dafür einzusetzen, das zu erschaffen, was wir gerne in die Welt bringen wollen. Das bedeutet nicht, dass das Ziel des Lebens ist, sich immer gut zu fühlen. Wie schon erwähnt, finden wir häufig gerade in unseren dunkelsten Stunden unser Licht, und auch negative Gefühle sind ein wichtiger Teil unseres Lebens. Dir jedoch darüber bewusst zu sein, welche Gefühle du dir hinter dem Erreichen deiner Ziele in Wahrheit wünschst, hilft dabei, zum einen schon jetzt diese Gefühle bewusst zu leben, und zum anderen deine Ziele nicht länger kontrollieren zu müssen und dich vom Ergebnis loszulösen, da das Ziel hinter dem Ziel bereits jetzt in deinem Leben präsent ist. Du ermöglichst dir dadurch, in einer wesentlich positiveren und entspannteren inneren Grundstimmung aufblühen zu können.

Der erste Schritt für deine ganz persönliche Higher-Self-Deklaration ist es deswegen, dass du dir darüber bewusst wirst, welche Gefühle es sind, denen du mehr Raum in deinem Leben geben

Entstehung der Higher-Self-Deklaration des Lebens

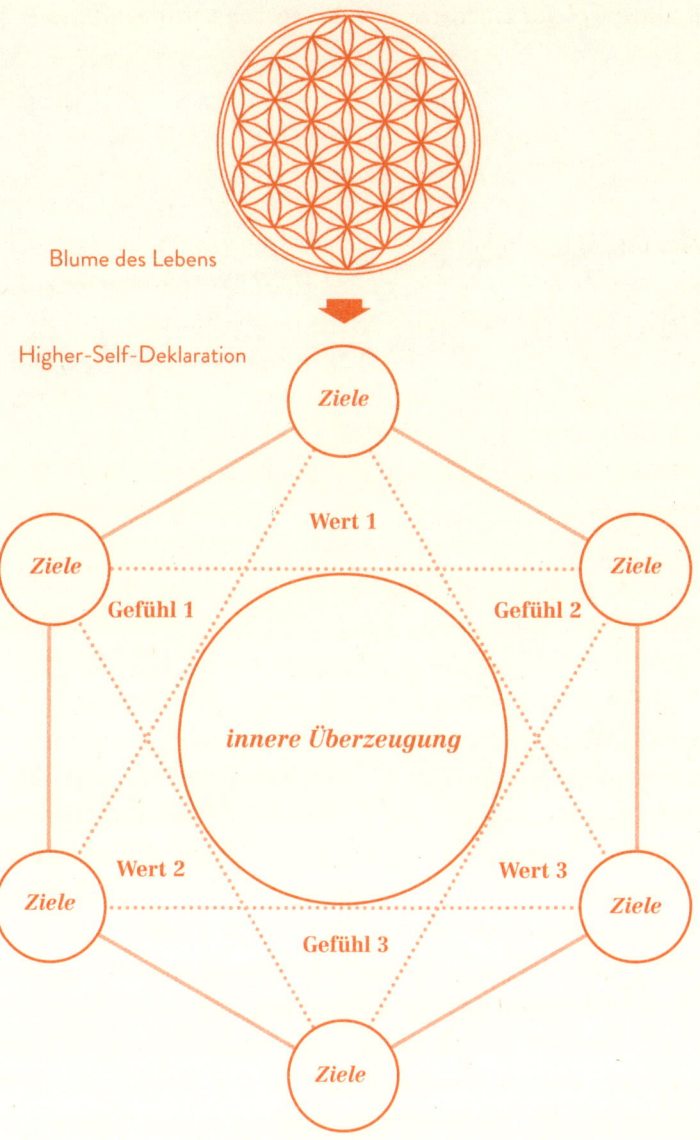

Blume des Lebens

Higher-Self-Deklaration

Ziele

Wert 1

Ziele

Ziele

Gefühl 1

Gefühl 2

innere Überzeugung

Wert 2

Wert 3

Ziele

Ziele

Gefühl 3

Ziele

möchtest. Wie möchtest du dich gerne fühlen? Was sind die Gefühle, die es dir erlauben, aufzublühen und voller Vertrauen zu wachsen?

Was sind deine drei Lieblingsgefühle?

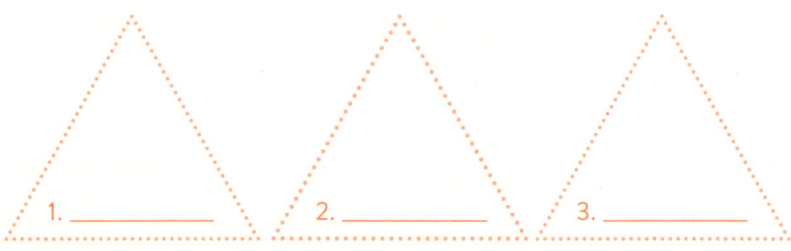

1._____ 2._____ 3._____

Lieblingsgefühle definieren

SCHRITT 2
*Was sind die Werte, an denen du dich
orientieren möchtest?*

Unsere Werte sind unser innerer Kompass, an denen wir uns im Leben orientieren können. Was ich aber immer wieder bei Menschen feststelle, ist, dass ihr Kompass nicht auf das Leben ausgerichtet ist, das sie in Wahrheit leben wollen, sondern auf das Leben, von dem sie denken, es leben zu müssen. Sie erleben einen ständigen inneren Wertekonflikt, ohne sich darüber bewusst zu sein. Sie versuchen, ein nach den gelernten Werten erfolgreiches Leben zu erschaffen und z. B. einen «sicheren» Job zu haben, nur eine bestimmte Summe zu verdienen, weil «Geld den Charakter verdirbt», sich auf eine bestimmte Art und Weise zu verhalten, auszusehen und so weiter. Sie orientieren ihr Glück nicht an ihrer inneren Herzensstimme, sondern an gelernten äußeren Werten. Was ist aber, wenn Erfolg und Erfüllung auf unendlich viele unterschiedliche Arten und Weisen erreicht werden können und es nicht den einen Weg gibt, der für alle gilt? Was ist, wenn wahrer Erfolg darin besteht, nach den eigenen authentischen Werten zu leben, das eigene Potenzial vollkommen zur Entfaltung zu bringen und bewusst im Hier und Jetzt zu leben? Was wäre, wenn du dein Leben an Werten wie Liebe, Mitgefühl, Entfaltung, Freude, Leichtigkeit, Wahrheit oder auch Fülle ausrichten würdest?

Das Universum hat eine solche Fülle an Möglichkeiten zu bieten, wie du dein Leben leben kannst. Wahrer Erfolg bedeutet vor allen Dingen, ein sinnerfülltes Leben zu leben, das deine Seele nährt und in dem die innere Fülle die äußere Fülle bestimmt und nicht andersherum. Du darfst alles in deinem Leben erschaffen, was du gerne erschaffen möchtest und was für dich ganz persönlich Erfolg bedeutet.

Der zweite Schritt ist es deshalb, dir in deiner Higher-Self-Deklaration darüber bewusst zu werden, was deine drei wichtigsten Werte sind.

Was sind die drei Werte, die für dich der Ausdruck von einem erfüllten, erfolgreichen und sinnerfüllten Leben sind?

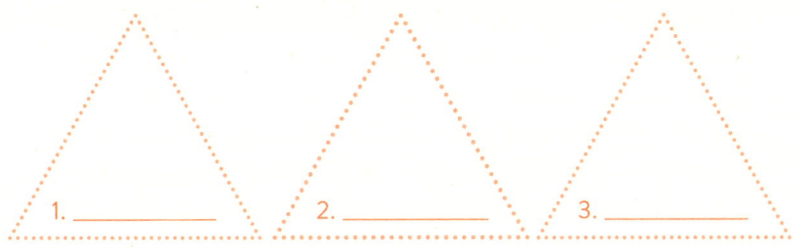

Werte definieren

Welche Ziele helfen dir dabei, genau diesen Werten und
deinen Lieblingsgefühlen Ausdruck zu verleihen?

Die Higher-Self-Deklaration ist deswegen so wirkungsvoll, weil sie die eigenen Ziele von deinen Lieblingsgefühlen und Werten ableitet und nicht andersherum. Die Ziele dienen dir, um mehr von dem in deinem Leben zu erschaffen, was du möchtest, und das zu verstärken, was dir wichtig ist. Sie sind nicht mehr durch äußere Erwartungen oder Definitionen von Erfolg geprägt, die vielleicht gar nichts mit deiner eigenen Vorstellung von einem erfüllten Leben zu tun haben.

Der dritte Schritt besteht darin, für dich zu definieren, welche Ziele dir dabei helfen, deine Lieblingsgefühle und Werte zu leben. Du kannst bis zu sechs Ziele formulieren. Lass dich hier von deinen Zielen aus deiner Lebensvision aus Kapitel 1.5 inspirieren. Welche Ziele deiner Lebensvision verleihen dir und deiner Essenz wahren Ausdruck? Welche Ziele inspirieren dich wirklich und wecken in dir dein Licht? Die einzigen Parameter, an denen du dich für die Formulierung deiner Ziele orientieren musst, sind deine Werte und deine Lieblingsgefühle, keine Meinungen von außen, keine Grenzen, keine Limitierungen, keine Erwartungen. An welche Orte möchtest du gerne reisen? Wie möchtest du deine Beziehungen führen? Wie viel Zeit möchtest du gerne zur freien Verfügung haben? Wie möchtest du wohnen? Wie möchtest du dich körperlich fühlen? Wie viel Geld möchtest du gerne verdienen? Was möchtest du erschaffen? Welchen Mehrwert möchtest du in die Welt bringen? Was darf Neues durch dich entstehen?

Erlaube dir, Leben und Ziele nach deinen inneren Wünschen zu erschaffen, das/die in Einklang mit deinen Werten und deinem Lebensgefühl steht/stehen.

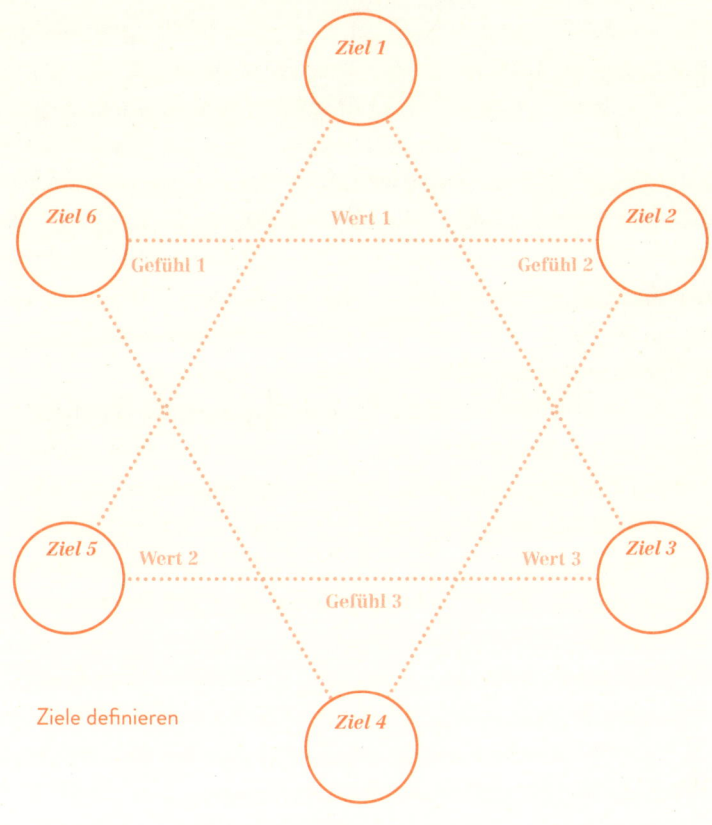

Ziel 1

Ziel 6

Wert 1

Ziel 2

Gefühl 1

Gefühl 2

Ziel 5

Wert 2

Wert 3

Ziel 3

Gefühl 3

Ziele definieren

Ziel 4

SCHRITT 4

Was sind die elementaren inneren Überzeugungen,
die ein Leben in Einklang mit deinen Lieblingsgefühlen,
Werten und Zielen ermöglichen?

Wenn du jetzt auf deine Higher-Self-Deklaration schaust, wird dir
auffallen, dass das Zentrum der Grafik noch komplett frei ist. Das
Zentrum repräsentiert deine innere Welt. Es steht für deine Mitte,

die Grundsätze und inneren Überzeugungen, die du in dir stärken musst, um ein Leben nach deinen eigenen Vorstellungen zu erschaffen und um dich sicher in dir selbst und auf deinem Weg zu fühlen. Du verfasst deine eigene innere Deklaration, darüber, wer du bist, wie du denkst, nach welchen Überzeugungen du leben möchtest und wofür dein Leben ein Ausdruck sein soll.

Die Frage, die dem Zentrum deiner Higher-Self-Deklaration zugrunde liegt, ist:

Wie müsste ich über mich selbst und das Leben denken, um genau dieses Leben erschaffen zu können? Was sind die elementaren inneren Überzeugungen, an denen ich mich orientieren müsste, um genau dieses Leben zu erschaffen?

Ein Beispiel für deine Higher-Self-Deklaration könnte sein:

«Ich bin die kraftvolle Schöpferin meines Lebens. Meine Werte Liebe, Freude und Leichtigkeit weisen mir den Weg. Ich nutze jeden Tag als Ausdrucksmöglichkeit von meinen Lieblingsgefühlen und erlaube mir, nach meiner eigenen Definition von Erfolg zu leben. Ich weiß, dass meine äußere Welt immer die Reflexion meiner inneren Welt ist, deswegen erschaffe ich in mir eine friedliche, liebevolle und kraftvolle Welt. Ich hinterfrage Grenzen und Bewertungen anderer Menschen, denn ich weiß, dass mich nichts aufhalten kann, außer meine eigenen Glaubenssätze und inneren Überzeugungen. Deswegen wähle ich, nach meinen eigenen Grundsätzen zu leben, die mir ein Leben nach meinen Vorstellungen ermöglichen, in denen ich meinen Träumen folgen kann und Fehler meinem Wachstum dienen können. Ich glaube an mich und meine Schöpferkraft und strahle mein Licht in die Welt, um dazu beizutragen, diese Welt als einen besseren Ort zu

verlassen, als ich ihn vorgefunden habe. Ich wähle mein Leben, zum Ausdruck von Liebe zu machen und jeden Tag bewusst mein Herz zu öffnen und dem Leben mit einem Strahlen entgegenzugehen. Ich verpflichte mich, eine authentische Version meines Leben zu erschaffen und meiner Herzensstimme zu vertrauen.»

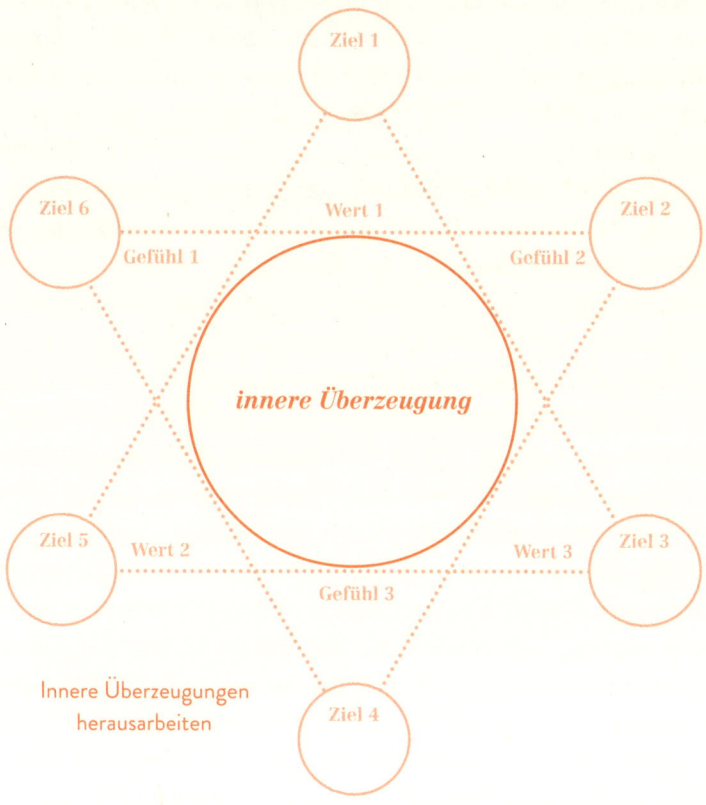

Innere Überzeugungen
herausarbeiten

Wie du die Higher-Self-Deklaration
im Alltag anwendest

Die Higher-Self-Deklaration kann ihre volle Kraft erst dann in deinem Leben entfalten, wenn du sie aktiv in deinem Leben anwendest. Die beste Art und Weise, um deine Deklaration zu nutzen, ist, sie mit kreativem Visualisieren zu verknüpfen. Das Unterbewusstsein braucht kraftvolle Bilder, die mit starken Emotionen verbunden sind, um deinen Weg voller Vertrauen und Motivation zu unterstützen und keinen alten Programmierungen zu folgen. Positive Emotionen in Verbindung mit deinen Ziele sind der motivierende Faktor für dein Unterbewusstsein, auch wirklich ins Handeln zu kommen. Die kreative Visualisierung ist ein wundervolles Tool, das ich jeden Morgen nutze, um meinen ganzen Fokus ganz klar auf meinen authentischen Lebensweg auszurichten.

Finde für die kreative Visualisierung einen bequemen Sitz, schaue jetzt auf deine Higher-Self-Deklaration und lies dir jeden einzelnen Punkt laut durch. Dann richte deine Augen für einen Moment nach oben, so, als würdest du versuchen, deine Augenbrauen anzuschauen. Atme tief ein, und beim nächsten Ausatmen schließt du deine Augen und lässt sie entspannen. Erlaube jetzt all deinen Muskeln zu entspannen, und stell dir vor, wie du jetzt an einem friedlichen inneren Ort ankommst, an dem du dich vollkommen sicher und wohlfühlst. Von diesem Ort und dem angenehmen Gefühl der tiefen inneren Entspannung sieh dich selbst deinen Tag heute in Einklang mit deiner Higher-Self-Deklaration erschaffen. Gehe in deiner Vorstellung deinen gesamten Tag durch, so, als würdest du einen inneren Film ablaufen lassen. Aktiviere dabei alle deine fünf Sinne. Rieche, schmecke, fühle, berühre und höre deinen Tag. Sieh dich selbst, wie du in Einklang mit deinen

Werten kraftvolle Entscheidungen für dein Leben triffst, wie du für dich einstehst und liebevoll mit dir selbst und allen anderen Menschen bist, die dir begegnen. Spüre, wie gut es sich anfühlt, ganz konkrete Schritte für die Umsetzung deiner Ziele zu gehen, und wie das Vertrauen in dich selbst und deinen Weg von Schritt zu Schritt wächst. Spüre, dass alles, was du brauchst, bereits in dir ist. Sieh dich selbst in Leichtigkeit und Freude durch deinen Tag gehen und wie dich ein wunderschönes warmes goldenes Licht umgibt, das dich schützt und dir Kraft gibt. Während du deinen Tag vor deinem inneren Auge siehst, lass ein tiefes Gefühl der Liebe und des Friedens in dir entstehen. Es gibt keine transformierendere Kraft als Liebe. Fühle die Liebe durch deinen gesamten Körper strömen, sieh und spüre, wie du dich selbst von Moment zu Moment mehr und tiefer liebst und dadurch auch alle anderen Menschen mehr und tiefer lieben kannst. Je mehr du dich selbst liebst, desto besser kannst du deine Erfolge anerkennen und auch die Erfolge von anderen. Sieh, wie du dir selbst erlaubst, deine Erfolge zu feiern. Du hast es verdient. Du darfst dich selbst feiern, und du darfst dein Leben feiern und lieben. Lebe genau diese Emotionen jetzt, lass jede Zelle deines Körpers von Liebe und Freude durchströmen. Wenn du am Abend deines Tages in deiner kreativen Visualisierung angekommen bist, bleibe für ein paar Minuten in diesem wunderschönen Gefühl des Vertrauens deinem Leben gegenüber und bedanke dich für alle die Möglichkeiten und Wunder, die der Tag für dich bereitgehalten hat. Bedanke dich dafür, Teil des Wunder Lebens zu sein, und lade dich selbst mit dem Gefühl der Dankbarkeit und Fülle in deinem Leben auf. Schicke ein Lächeln in deine innere Welt und atme tief ein und aus. Wenn du so weit bist, öffne deine Augen und nimm dir einen Zettel und einen Stift und notiere, was heute die wichtigsten Schritte sind, die du gehen kannst, um genau diesen Tag zu erschaffen.

Beispiel ausgefüllte
Higher-Self-Deklaration

Buch schreiben & veröffentlichen

Wieder anfangen Musik zu machen

Erfüllte, liebevolle Partnerschaft

Authentizität

Freude

Liebe

Innere Überzeugung

Ich bin die kraftvolle Schöpferin meines Lebens. Ich nutze jeden Tag als Ausdrucksmöglichkeit meiner Lieblingsgefühle. Ich hinterfrage Grenzen und Bewertungen anderer Menschen, denn ich weiß, dass mich nichts aufhalten kann, außer meine eigenen Glaubenssätze und inneren Überzeugungen.

Ehrlichkeit

Beitragen

Job kündigen und um die Welt reisen

Soziales Projekt für Kinder unterstützen

Dankbarkeit

Mehr Zeit mit meiner Oma verbringen

KAPITEL 5

Erschaffe in Einklang mit den universellen Gesetzen

Mein Leben war solange ein Kampf, bis ich erkannte, dass dieser Kampf nicht vom Leben aus geführt wurde, sondern von mir aus. Ich machte mir das Leben schwer, weil ich andauernd gegen etwas in mir selbst ankämpfte, anstatt loszulassen, damit endlich etwas Neues entstehen konnte. Ich kämpfte gegen meine Ängste, gegen meine Zweifel, gegen das Gefühl, getrennt zu sein, und gegen den Menschen, der ich war. Ich wünschte mir so lange Zeit meines Lebens, ein Mensch ohne Probleme und ohne all diese inneren Zweifel zu sein. Ich wollte erfüllt und glücklich sein, aber alles, worauf ich meinen Fokus richtete, war das, was mir angeblich fehlte, das, wo ich mich mangelhaft fühlte und wovor ich Angst hatte. Ich sah nur Mangel, geriet immer wieder in ungesunde Beziehungen, die diesen Mangel noch weiter verstärkten, und hatte das Gefühl, dass das Leben ein ungerechter Ort ist, an dem man viel zu viel Schmerz erfährt. Jeden Tag verstärkte ich genau dieses Gefühl des Mangels in mir, weil ich mich auf kaum etwas anderes konzentrierte.

Das erste Mal, als ich mir auf einer tiefen inneren Ebene darüber bewusst wurde, dass diese Erfahrungen überhaupt nichts mit dem Leben oder irgendjemand anderem zu tun hatte, sondern einzig und allein damit, wie ich das Leben wahrnahm und worauf ich mich diese ganze Zeit fokussierte, war, als ich mich gerade aus einer sehr ungesunden Beziehung gelöst hatte. Ich stand vor einem riesigen innerlichen emotionalen Scherbenhaufen und war einfach nicht länger bereit, von einer Katastrophe in die nächste zu rennen. Ich hatte mein Fass selbst zum Überlaufen gebracht und konnte intuitiv spüren, dass in dieser Krise auch das Geschenk verborgen lag, mich selbst neu erfinden zu können. Ich erkannte in diesem Moment, dass ich entweder fundamental etwas in mir ändern musste oder ich immer wieder genau dieselben Dramen in meinem Leben erzeugen würde. Ich konnte mit jeder Zelle meines Körpers spüren, wie in mir die Mauern einbrachen, die ich um mein Herz aufgebaut hatte, als diese Wahrheit in meinem Bewusstsein ankam und ein Sturm der inneren Befreiung in mir ausbrach. Ich konnte plötzlich sehen, dass Leiden eine Wahl war, die ich getroffen hatte, und dass ich ebenso eine neue Wahl treffen konnte. Ich fühlte die tiefe Wahrheit, dass ich ebenso mein Leben in Liebe und Fülle erschaffen konnte und mich nichts außer mir selbst in meinem Leid festhalten konnte. Der Schlüssel dafür lag einzig und allein bei mir.

HIGHER-SELF-INSPIRATION
Geh dir selbst aus dem Weg und erschaffe in
Einklang mit den universellen Gesetzen.

Durch diese innere Krise begann mein eigener spiritueller Weg, und ich wurde eine Schülerin aller großen spirituellen Lehrer, die ich finden konnte. Ich studierte das metaphysische Werk *Ein Kurs in Wundern*, begann meine regelmäßige Meditationspraxis und tauchte immer tiefer in die Welt der Spiritualität ein. Ich begann immer mehr, in meine wahre Kraft zurückzufinden, veränderte Schritt für Schritt meinen Fokus von Angst hin zu Liebe und kam dadurch in Kontakt mit meiner Schöpferkraft. Ich veränderte mein komplettes Leben, ließ alte Beziehungen, die mir nicht gut taten, hinter mir, nahm mir viel Zeit für mich selbst und richtete meine Handlungen immer mehr in Einklang mit den universellen Gesetzen aus.

Ich möchte zum Abschluss dieses Buches gerne die Kraft dieser universellen geistigen Gesetze mit dir teilen, weil ich in meinem eigenen Leben gesehen habe, welche Wirkung sie entfalten können und dass sie eine unglaubliche Hilfe im eigenen spirituellen Entwicklungsprozess sind. Sie sind wie ein innerer geistiger Führer, der dir dabei helfen wird, dich wieder in deiner Mitte zu finden und dir darüber bewusst zu sein, dass es immer und zu jeder Zeit eine liebevolle Kraft gibt, die dich leitet, wenn du dich ihr öffnest.

Die sieben universellen Gesetze wirken immer und überall, ohne Ausnahme, ganz gleichgültig, ob wir uns ihrer bewusst sind oder nicht. Es ist die universelle Kraft, die hinter allem wirkt und die universelle Ordnung bewahrt. Wenn wir bewusst mit dieser Kraft in Einklang erschaffen, entfaltet sich eine unglaubliche Magie in unserem Leben. Sie werden auch die hermetischen Naturgesetze genannt, deren erste Aufzeichnungen bis ins alte Ägypten zurückreichen und die unter anderem die Geheimnisse der mentalen Alchemie beinhalten, also unsere Fähigkeit, die Schwingung der eigenen Gedanken und somit der Realität zu verändern.

Das Wissen und die Anwendung dieser sieben geistigen Gesetze oder auch Prinzipien wird es dir ermöglichen, mit Leichtigkeit ein Leben voller Harmonie und Liebe zu erschaffen, weil du dich mit ihnen vollkommen in Einklang mit der universellen Schwingung der Liebe bringen kannst. Dein Leben wird ab diesem Moment von einer unsichtbaren Kraft getragen werden, weil du bewusst in den Strom des Universums eintauchst und nicht mehr dagegen anschwimmst. Wir versuchen, unsere Probleme immer auf der Ebene zu lösen, auf der sie entstanden sind, auf der Ebene der Materie und dem, was sich bereits verfestigt hat. Auf dieser Ebene zu versuchen, Probleme zu lösen und Dinge zu verändern, ist nicht nur unglaublich anstrengend, es verstärkt nur meistens auch das Problem. Wie wäre es aber, wenn wir beginnen würden, Probleme auf einer Ebene darüber, nämlich auf der energetischen Ebene zu lösen? Was wäre, wenn wir die geistigen Gesetze ganz bewusst einsetzen würden, um Fülle und Liebe zu unserem natürlichen Zustand werden zu lassen?

Die sieben geistigen Gesetze sind:

1. Gesetz der Geistigkeit

2. Gesetz der Entsprechung

3. Gesetz der Schwingungen

4. Gesetz der Polarität

5. Gesetz des Rhythmus

6. Gesetz von Ursache und Wirkung

7. Gesetz des Geschlechtes

Von heute an kannst du aufhören, gegen dich selbst und die Kraft in dir zu kämpfen und sie stattdessen liebevoll umarmen und beginnen, mit dem Universum zusammen durch dein Leben zu tanzen. Wenn du in Einklang mit diesen Gesetzen erschaffst und mit dem Universum zusammenarbeitest, wird dein Leben ab sofort eine ganz neue Dimension annehmen.

1. Gesetz der Geistigkeit

«Das All ist Geist, das Universum ist geistig.»
KYBALION

Dieses Prinzip bezieht sich darauf, dass alles in diesem Universum einem schöpferischen Geist unterliegt, der auch auch Gott, Liebe, Universum, Intelligenz oder reine Kreativität genannt werden kann. Es ist die Macht, die hinter allem steht und alle Veränderung antreibt, sie durchdringt alles, was existiert. Das All ist das, was alles beinhaltet, aber selbst unveränderlich ist, wie ein Gefäß, dessen Inhalt sich verändern kann. Alles Materielle in deinem Leben existiert nur aus dem Grund, dass es die geistige und spirituelle Ebene gibt. Ohne den Geist würde nichts existieren. Diese Macht ist auch in dir. Es ist deine Gedankenkraft, dein Geist, der das Universum bestimmt, das du wahrnimmst. Indem du immer wieder bestimmte Gedanken denkst, die nichts anderes sind als feinstoffliche Energie, und dich dadurch auf eine bestimmte Realität fokussierst, manifestiert sich genau diese Realität für dich. Das, wovon du überzeugt bist, wird zwangsläufig in dein Leben treten.

Wie kannst du das Wissen um dieses Gesetz im Alltag für dich nutzen? Zum einen, indem du dir im ersten Schritt darüber bewusst wirst, dass auch in dir diese unendlich schöpferische Kraft vorhanden ist und du deinem Leben nicht machtlos ausgeliefert bist, sondern es ganz aktiv und bewusst nach deinen eigenen Vorstellungen erschaffen kannst. Du formst mit deinem Geist deine Realität und nicht andersherum. Du brauchst nichts außer deinem Geist, deine Gedankenkraft, um etwas erschaffen zu können. Sie ist die Grundlage von allem.

Du bist dem Leben nicht machtlos ausgeliefert.
In dir wohnt eine unendlich schöpferische Kraft,
mit der du dein Schicksal bestimmen kannst.

Im zweiten Schritt kannst du dieses Wissen nutzen, um dein ganzes Leben als dein eigenes Meisterstück zu erschaffen, und selbst bestimmen, was am Ende darauf zu sehen sein wird. Du kannst beginnen, die Magie deiner Schöpferkraft in jeden einzelnen Lebensbereich fließen zu lassen. Stell dir vor, wie sich dein Beruf verändert, wenn es plötzlich keine mentalen Grenzen mehr gibt und du bisher Unmögliches möglich machst, weil du verstanden hast, dass es nur darum geht, die Lösung auf der feinstofflichen, geistigen Ebene zu finden und sie dann auf die materielle Ebene zu übertragen. Arbeit wird plötzlich keine Arbeit mehr sein, sondern jeder Tag wird reine Magie. Stell dir vor, wie entspannt und voller Vertrauen du durch dein Leben gehen kannst, wenn du tief in dir verstanden hast, dass es dir niemals an irgendeiner Ressource mangeln wird, solange du dir über deine Fähigkeit bewusst bist, alle Ressourcen, die du benötigst, in dein Leben ziehen zu können. Du brauchst zum Beispiel kein Geld, um Geld zu verdienen. Alles, was du brauchst, ist dein kreatives, geistiges Potenzial, das dich mit allen Lösungen und Ideen versorgen wird, um etwas zu erschaffen, was für andere einen Mehrwert bietet und als Wertschätzung dafür Geld zu dir fließen lassen wird. Löse die Gedanken, die dich in deinen Möglichkeiten einschränken. Lösche den Satz *«Das geht nicht»* komplett aus deinem System, und beginne, deine volle Schöpferkraft vollkommen zu umarmen, die in dir ein grenzenloses Potenzial aktivieren wird.

2. Gesetz der Entsprechung

Es umfasst das Wissen um die drei Ebenen der Existenz: physisch, geistig und spirituell, die sich einzig durch ihre Schwingung unterscheiden. Materie schwingt am langsamsten und ist deswegen fest, während die spirituelle Ebene am schnellsten schwingt und dadurch feinstofflich und nicht greifbar ist. Auf allen drei Ebenen wirken die universellen Gesetze im gleichen Maße.

Das Gesetz der Entsprechung zeigt uns, dass das Innen immer das Außen widerspiegelt und das Außen das Innen. Das, was wir im Innen an Überzeugungen in uns tragen, wird sich im Außen widerspiegeln, und die Erfahrung im Außen wird wiederum die Überzeugung im Innen verstärken. Wir ziehen immer das in unser Leben, das dem entspricht, was wir erwarten. Ebenso werden wir das empfangen, was dem entspricht, das wir gegeben haben. Wenn du Freude, Liebe und Leichtigkeit in die Welt bringst, werden sie auch zu dir zurückfließen. Wenn du Schmerz, Hass und Ängste in die Welt bringst, werden auch sie zu dir zurückfließen. Das Leben wird dich nicht beschenken können, wenn du dich nicht dem Leben schenkst. Es wird ein nie endendes Warten auf Besserung sein, wenn du nach der Überzeugung lebst, dass sich erst die äußeren Umstände ändern müssen, damit du glücklich und erfüllt sein kannst. Wenn du glücklich und erfüllt sein möchtest, dann ändere deine inneren Umstände und die äußere Welt wird dem entsprechen.

Zusätzlich macht uns das Gesetz der Entsprechung bewusst, dass alles in diesem Universum erst mal einfach *ist* und es erst durch unseren Bezug darauf an Bedeutung gewinnt. Alles gewinnt erst an Bedeutung dadurch, dass wir ihm Bedeutung geben. Groß oder klein, schwer oder leicht, gut oder schlecht, teuer oder günstig existieren für uns, weil wir es in Relation zu etwas anderem setzen, während es in Wirklichkeit einfach nur ist, was es ist. Du wirst feststellen, dass dein Leben sofort wesentlich entspannter wird, wenn du dir deiner Bewertungen der Dinge bewusst wirst und sie in dem Maße bewertest, dass sie für dich funktionieren. Am einfachsten geht das, indem du deinen Überzeugungen nicht einfach glaubst, sondern immer wieder das, was du erlebst und wahrnimmst, hinterfragst. Lerne, gute Fragen zu stellen, anstatt dich von deinen eigenen Überzeugungen blockieren zu lassen.

Einer der Gründe, warum ich es so liebe, Zeit mit kleinen Kindern zu verbringen, ist, weil sie alles in Frage stellen, was wir als erwachsene Menschen machen. Die berühmte «Warum …?»-Frage hat wahrscheinlich schon die ein oder anderen Eltern in den Wahnsinn getrieben, weil Kinder auf jede Antwort, die sie bekommen, erneut fragen: «Warum?» Dabei können wir so viel von dieser klugen Frage lernen. Kinder besitzen die wertvolle Gabe, nicht einfach alles so hinzunehmen, wie es ist, sondern verstehen zu wollen, warum es so ist und nicht anders. Stell dir für die nächsten 24 Stunden zum Spaß einmal vor, du bist wieder ein vierjähriges Kind. Frage dich jedes Mal: *«Warum denke ich das eigentlich? Warum*

tue ich das? Macht das Sinn für das Leben, das ich gerne leben möchte?
Was könnte ich stattdessen denken und tun?»

Erlaube dir, deine Bewertungen in Frage zu stellen und beginne, deine innere Welt dem entsprechen zu lassen, was du in deiner äußeren Welt wahrnehmen möchtest. Denn hinter jedem Problem steht immer eine Frage, die beantwortet werden möchte, und hinter jeder Frage wartet eine Antwort auf dich, die dir eine neue Art und Weise, dein Leben zu leben, aufzeigt.

3. Gesetz der Schwingung

«*Nichts ist in Ruhe, alles bewegt sich,*
alles ist in Schwingung.»
KYBALION

Alles in diesem Universum ist in ständiger Bewegung, alles schwingt, nichts steht jemals still. Als Mensch werden wir uns dieser Schwingung in Form von unseren Gefühlen bewusst. Jeder Gedanke und jedes Gefühl hat eine bestimmte Schwingung. Je nachdem, wie wir uns fühlen, ob gut oder schlecht, ist unsere Schwingung hoch oder niedrig. Gefühle wie Angst, Scham, Wut, Neid oder Traurigkeit haben eine niedrigere Schwingung als zum Beispiel Freude, Liebe und Dankbarkeit. Wir können diesen Unterschied über die Leichtigkeit oder die Schwere, die die Gefühle in uns auslösen, wahrnehmen. Wir können unsere Schwingung bewusst selbst bestimmen, indem wir unsere Gedanken und damit auch unsere Gefühle verändern. Dabei wirken sich die Gefühle und Emotionen wesentlich stärker auf die Schwingung aus als unsere Gedanken. Du kannst dir deine Schwingung und deren Frequenz auch wie die Töne einer Melodie vorstellen. Jedes Gefühl und jeder Gedanke haben einen Klang und ergeben zusammen eine ganz bestimmte, individuelle Melodie. Du bist der Komponist der Melodie deines Lebens. Der Klangkörper für deine Melodie ist dein Körper, und der wichtigste Faktor ist dabei unser Herz. Dein Herz ist das erste menschliche Organ, das gebildet wird, während wir noch ein Baby im Bauch sind, zeitlich weit, bevor das Gehirn gebildet wird. Es besitzt ein magnetisches Feld, das 50 000-mal stärker ist als das deines Gehirns (Quelle: Studie des HeartMath Institute). Über dieses magnetisches Feld, das ungefähr einen Umfang von 2,5 Meter um dich herum hat, zieht es alles an, was in Resonanz zu dem steht, woran du glaubst und wovon du überzeugt bist. Es übersetzt deine Überzeugungen und daraus resultierenden Emotionen in Schwingung, die wiederum mehr derselben Schwingung in dein Leben zieht.

Dieses Phänomen ist auch bekannt als das Gesetz der Anziehung. Du kannst nur das in dein Leben ziehen, was auf derselben Schwingung ist, wie deine Überzeugungen, und das, woran du aus tiefstem Herzen glaubst. Schwingung wertet nicht, sondern sagt immer ja zu allem, was auf der gleichen Frequenz schwingt. Der elementare Faktor, um das Leben zu erschaffen, was du gerne erschaffen möchtest, ist also, dass du aus tiefstem Herzen daran glaubst, dass es möglich ist, genau dieses Leben zu erschaffen und gefühlsmäßig davon überzeugt zu sein. Denn das, woran wir im Herzen glauben, ist am Ende stärker als jeder Gedanke.

HIGHER-SELF-INSPIRATION
Sei du selbst die Energie, die du in dein
Leben ziehen möchtest.

Das Wissen um das Gesetz der Schwingung gibt dir die Macht, ein Leben außerhalb deiner aktuellen Vorstellung zu erschaffen. Alles, was du dafür tun musst, ist, selbst die Energie zu sein, die du in dein Leben ziehen möchtest, und deine eigene Schwingung auf die Frequenz anzuheben, die du gerne in deinem Leben erschaffen möchtest. Wenn du mehr Liebe und Vertrauen in deinem Leben möchtest, bring dich jeden Tag in genau diese Energie. Es beginnt alles bei dir. Wenn du mehr Fülle in deinem Leben möchtest, beginne, das Gefühl von Dankbarkeit in dir zu deiner Grundhaltung werden zu lassen und großzügig durch dein Leben zu gehen. Beginne, allen Menschen um dich herum genau das zu wünschen, was du dir auch für dich selbst wünschst und hilf ihnen dabei, das zu erreichen. Sei du die Schwingung, die du erfahren möchtest. Lebe ganz bewusst von dem Zentrum deines Herzens aus, dessen natürliche Schwingung Liebe und Freude ist. Freude ist ein Zustand frei von Angst, Schuld und Zweifeln. Sie ist die Energie, die alles ganz von selbst in Fluss und uns in Frieden mit uns selbst bringt. Wenn du aus dieser inneren Haltung heraus lebst und diese Schwingung zu deinem Hauptfokus machst, wirst du zu einem wahren Magneten dieser Energie werden.

Wie kannst du deine Schwingung anheben, fragst du dich? Grundsätzlich ist es wichtig zu wissen, dass auch negative Gefühle ein ganz normaler und wichtiger Teil unserer menschlichen Erfahrungen sind. Sie sind ein elementarer Bereich unseres emotionalen GPS-Systems, das uns darauf hinweist, wenn wir vielleicht falsch abgebogen sind, die falsche Ausfahrt genommen haben oder zu schnell fahren. Negative Gefühle sind ebenso wie positive Gefühle Wegweiser, die uns darauf hinweisen, ob wir uns in Einklang mit unserem Sinn des Lebens befinden oder nicht. Je mehr du mit dir selbst und deinen Gefühlen verbunden bist, desto leichter wird es dir fallen, dein GPS auch lesen zu können und entsprechend dein

Leben nach und nach danach auszurichten, dass du glücklich und erfüllt bist. Das Ziel ist dabei nicht, frei von Problemen zu sein, denn Probleme sind nichts anderes als Raum für dein Wachstum. Das Ziel ist es, dass du auch in herausfordernden Zeiten erfüllt sein kannst und dir darüber bewusst bist, dass deine emotionale Schwingung einen Effekt auf dein Leben hat.

Du kannst dir die unterschiedlichen Schwingungen wie eine Leiter vorstellen, bei der jede Sprosse einzeln genommen werden muss. Es wird Tage geben, da stehst du vielleicht relativ weit unten auf der Schwingungsleiter, auf einer Sprosse mit der Frequenz von Traurigkeit. Dich von hier direkt zur Sprosse der Freude hochzuschwingen, führt nur zu Frustration, da dazwischen noch viele andere Sprossen kommen wie zum Beispiel Wut, Angst, Hilflosigkeit, Neutralität, Zuversicht, Gelassenheit und dann irgendwann die Freude. Jede Sprosse hat ihre Berechtigung und ihre Botschaft für dich. Erlaube dir, jede Sprosse einzeln zu nehmen und jeweils in dich reinzufühlen, wofür das Gefühl da ist und was es dir zeigen möchte. Frage dich auf jeder Sprosse, was wäre eine Sache, die ich jetzt tun könnte, um mich ein kleines bisschen besser zu fühlen? Welcher Gedanke würde mir jetzt guttun? Und so wirst du von Sprosse zu Sprosse emporsteigen und deine Schwingung ganz liebevoll anheben.

Auf körperlicher, mentaler und emotionaler Ebene gibt es auf jeder Sprosse unterschiedliche Dinge, die du tun kannst. Auf körperlicher Ebene wird zum Beispiel Tanzen, Sport, Bewegung, Spazierengehen, Küssen oder auch Kochen deine Schwingung anheben. Auf gedanklicher Ebene können dir positive Affirmationen dabei helfen, ein liebevolles Mindset zu entwickeln. Affirmationen sind positive Selbstbestätigungen, die bei regelmäßiger Wiederholung auf dein Unterbewusstsein wirken und dich mental stärken. Beispiele für positive Affirmationen sind:

Ich bin geliebt.
Ich lebe in Fülle.
Ich bin ein Geschenk für die Welt.
Ich bin ein Magnet für das Gute.
Ich bin ein/e kraftvolle/r Schöpfer/in meines Lebens.

Affirmationen wirken am kraftvollsten, wenn du sie vor allen Dingen auf emotionaler Ebene fühlst und visualisierst. Dein Unterbewusstsein reagiert besonders stark auf emotional positiv aufgeladene Bilder, deswegen hilft es meistens nur sehr wenig, Affirmationen nur aufzusagen, ohne sie zu fühlen. Bei einem Konflikt zwischen deinem Verstand (deinem Bewusstsein) und deinem Gefühl (deinem Unterbewusstsein), wird immer das Unterbewusstsein gewinnen. Wenn du also nur denkst «Ich lebe in Fülle», es aber nicht fühlst, ist der wichtigste Schritt, etwa über aktive Dankbarkeit das Gefühl von Fülle in dein Leben zu holen.

Das erreichst du zum Beispiel, indem du dir jeden Morgen direkt nach dem Aufwachen und jeden Abend direkt vor dem Einschlafen vor deinem inneren Auge vorstellst, wie du genau diese Affirmation tatsächlich lebst und wie sich das anfühlt.

Wiederhole dafür in Gedanken die Affirmation «Ich lebe in Fülle» und sieh dich selbst ein Leben in Fülle leben. Wie würdest du deinen Tag gestalten? Wie würdest du durch dein Leben gehen? Was würde alles Tolles an diesem Tag passieren? Und lass währenddessen die Dankbarkeit für all diese Wunder in dein Herz fließen. Fühle und spüre die Fülle in deinem Leben. Abends wiederholst du die Übung und gehst all die Dinge durch, die dir an diesem Tag gefallen haben, all die Begegnungen mit Menschen, die Freude, die du in das Leben von anderen gebracht hast, das leckere Essen und so weiter. Durch diese Visualisierung der Affirmation wird sie direkt mit deinem Herzen verbunden und kann ihre ganze Kraft entfalten. Ebenso kannst du diese Visualisierung und Wiederholung der Affirmationen auch auf deine mittel- und langfristigen Ziele und Wünsche ausweiten. Du kannst bereits jetzt die Freude in dir aktivieren und voller Dankbarkeit für deren Erfüllung sein. Du wirst festellen, dass Dankbarkeit und die damit verbundene Freude das wirksamste Tool ist, das uns zur Verfügung steht, um unsere Schwingung innerhalb von Sekunden anzuheben.

Am Anfang dieses Buchs hast du auch elf wertvolle Übungen erhalten, um deine Schöpferkraft zu aktiveren, was gleichbedeutend mit dem Anheben deiner Schwingung ist. Nimm dir die Zeit, sie noch einmal durchzulesen, und lass sie zu deinen täglichen Routinen werden.

Zusätzlich macht uns das Gesetz der Schwingung ein weiteres Geschenk. Es lehrt uns, dass alles fließt. Nichts bleibt gleich, alles verändert sich. Dein Körper hat sich in den letzten sieben Jahren einmal komplett erneuert. Du bist auf körperlicher Ebene schon lange nicht mehr, wer du einmal gewesen bist. Viele Menschen sprechen vom Ich und meinen damit ihren Körper. Dabei ist dieser Körper zu keiner Sekunde etwas Konstantes oder Festes, sondern erneuert sich ununterbrochen. Dein Ich von gestern existiert nicht mehr. Alles, was existiert, ist dieser Moment und alles, was sich darin entfalten darf. Das Bewusstsein über diese konstante Veränderungen von allem in diesem Universum, inklusive dir selbst, kann es dir unglaublich erleichtern, deinen eigenen Entwicklungsprozess als etwas ganz Natürliches zu betrachten, da du dich immer und zu jeder Zeit veränderst. Es gibt keinen Grund, Angst vor Veränderung zu haben oder zu versuchen, sich dagegen zu wehren, weil du dich damit gegen einen ganz natürlichen Vorgang stellst, der nicht verändert werden kann. Das einzig Konstante in diesem Universum ist die Veränderung. Veränderung als natur-

gegeben zu akzeptieren, wird dir eine ganz neue innere Freiheit
ermöglichen.

4. Gesetz der Polarität

«Alles ist zweifach, alles hat zwei Pole, alles
hat sein Paar von Gegensätzlichkeiten;
gleich und ungleich ist dasselbe; Gegensätze sind
identisch in der Natur, nur verschieden im Grad;
Extreme berühren sich; alle Wahrheiten sind nur
halbe Wahrheiten; alle Widersprüche können
miteinander in Einklang gebracht werden.»
KYBALION

Alles hat ein Gegenstück. Tag und Nacht, weiblich und männlich, warm und kalt, hell und dunkel, Liebe und Hass, Freude und
Traurigkeit, arm und reich, gesund und krank, zusammen und allein. Nichts existiert in diesem Universum ohne sein Gegenstück,
aber beides sind zwei Pole derselben Sache. Wärme und Kälte sind
die beiden Pole derselben Sache, die wir Temperatur nennen, Hell
und Dunkel sind zwei Pole der Sache, die wir Licht nennen, und
Liebe und Hass sind zwei Pole dessen, was wir Gefühle nennen.
Wo viel Hass ist, ist meistens wenig Liebe, und wo viel Liebe ist,
ist wenig Hass, aber wo Liebe war, kann Hass entstehen, und wo
Hass war, kann Liebe entstehen. Beide sind zwei Grade derselben Sache. Würden wir keine Liebe kennen, könnten wir keinen
Hass erfahren, und ohne Hass wüssten wir nicht, was Liebe ist.
Ganz deutlich können wir das auch als Eltern nachempfinden,
wenn plötzlich mit der bedingungslosen und unendlichen Liebe

dem Kind gegenüber im selben Moment auch die wahnsinnige Angst entsteht, dass dem Kind etwas passieren könnte. Die Angst entsteht aus der Liebe heraus. Sie ist nicht außerhalb der Liebe. Ebenso sind Reich und Arm die beiden Pole von dem Vorhandensein von Geld. Sie sind nicht voneinander getrennt, sondern zwei unterschiedliche Grade desselben, und auch hier kann Armut entstehen, wo Reichtum war oder andersherum.

Die Kraft der Transformation liegt darin zu erkennen, dass wir uns einfach nur auf den gegenüberliegenden Pol konzentrieren müssen, wenn wir etwas in unserem Leben verändern wollen. Es ist ein Entlanggleiten auf einer Skala von einer Seite zur anderen, allein durch die Neuausrichtung des eigenen Fokus. Gleichzeitig bedeutet das auch, dass dort, wo Gutes existiert, auch immer Schlechtes vorhanden ist und umgekehrt. Ebenso, wie Licht auch immer Schatten mit sich bringt und Schatten immer Licht.

Dieses Wissen kannst du wunderbar auf mehreren Ebenen auf dein Leben und deine Schöpferkraft übertragen. Zum einen kann dir das Gesetz der Polarität dabei helfen, dich einzig und allein durch die Veränderung deiner eigenen Schwingung und deines Fokus von einem Pol zum anderen zu bewegen. Wenn z. B. Armut in deinem Leben ist, weißt du mit diesem Gesetz, dass gleichzeitig auch Reichtum in dir existiert, weil es einfach nur die beiden Pole desselben sind. Ebenso kannst du dich darauf verlassen, dass dort wo Hass war, auch Liebe geboren werden kann. Zusätzlich zeigt dir das Gesetz der Polarität, dass in jeder vermeintlich schlechten Situation etwas Gutes auf dich wartet, und wenn du dem Negativen der Situation nicht erlaubst, deine Schwingung negativ zu beeinflussen, kannst du das Gute darin wesentlich leichter finden und in dein Leben integrieren.

Je mehr du dieses Spiel aus Balance und Ausgleich in deinem Leben erlaubst und nicht zwanghaft an einem der beiden Pole festhältst, desto mehr Frieden wirst du erfahren können. Das gilt auch für die Licht- und Schattenanteile in dir. Wir alle tragen beide Pole in uns, schämen uns aber häufig für unsere Schattenseiten. Wir lehnen sie ab und versuchen, sie vor der Welt zu verstecken, weil wir glauben, dass sie uns auf irgendeine Art und Weise unvollständig oder mangelhaft erscheinen lassen würden. Dabei sind es gerade auch unsere Schattenanteile, die uns vervollständigen, weil sie einen wichtigen Aspekt unseres Seins ausdrücken und ihre absolute Daseinsberechtigung haben. Dadurch, dass die Natur immer Harmonie und Balance beider Seiten anstrebt, werden auch deine Schatten immer wieder ihren Weg an die Oberfläche finden, solange du sie nicht liebevoll annimmst und integrierst. Deine Schattenanteile sind ein Pol deiner Persönlichkeit, sie machen dich auf bestimmte Überzeugungen in dir aufmerksam und wollen auch einfach nur zum Ausdruck gebracht werden.

HIGHER-SELF-INSPIRATION
Dein Schatten gehört ebenso zu dir wie
dein Licht. Es sind die beiden Seiten,
die dich vollständig machen.

Gegen deine Schattenanteile anzukämpfen und zu glauben, nur geliebt zu werden, wenn du deine Lichtseiten nach außen zeigst, wird langfristig zu einer Frustration und Enttäuschung führen. Beide Seiten gehören zu dir, und erst beide Seiten komplettieren dich. Erlaube dir, beide Seiten in deinem Leben zu integrieren und ihnen den Raum zu geben, den sie brauchen, damit du in dir Harmonie und Einklang herstellen kannst. Nimm dir dafür ganz entspannt Zeit, setze dich an einen gemütlichen Ort und schließe die Augen. Fühle in dich hinein, und beantworte dir innerlich ganz liebevoll und aus einer Beobachterperspektive heraus die folgenden Fragen:

Für welche Erfahrungen in deinem Leben empfindest du Ablehnung dir selbst gegenüber?
Welche deiner Eigenschaften fallen dir schwer anzunehmen?
Wo fühlst du dich unvollständig?
In welchen Situationen bist du sehr perfektionistisch und streng dir selbst gegenüber?

Stelle dir jetzt vor, du würdest in eine direkte Kommunikation mit deinen Schattenanteilen gehen, und biete ihnen ein Friedensgespräch an. Frage sie ganz liebevoll, wofür sie da sind, welches Wachstum sie für dich bereithalten und was sie von dir brauchen, um sich gesehen und geliebt zu fühlen. Du wirst feststellen, dass sich eine ganz neue Harmonie in deinem Leben einstellen wird, wenn du deine Schattenanteile auf diese Art und Weise anerkennst und ihre Botschaft für dich annimmst. Lass die Dankbarkeit für alle deine Anteile und bisherigen Erfahrungen zu deiner inneren Wahrheit werden und erkenne dich für die vollkommene imperfekte Perfektion an, die du bist. Du bist vollständig!

5. Gesetz des Rhythmus

*«Alles fließt aus und ein, alles hat seine Gezeiten,
alle Dinge steigen und fallen, das Schwingen
des Pendels zeigt sich in allem; das Maß des
Schwungs nach rechts ist das Maß des Schwungs
nach links; Rhythmus kompensiert.»*

KYBALION

Das Gesetz des Rhythmus baut auf dem Gesetz der Polarität auf und bezieht sich darauf, dass alles im Universum einem bestimmten Rhythmus unterliegt und wie ein Pendel hin und her schwingt und sich um Ausgleich bemüht. In der Natur zeigt sich dieser Rhythmus in Ebbe und Flut, Sonnenaufgang und Sonnenuntergang oder in den verschiedenen Jahreszeiten. Das Gesetz des Rhythmus spiegelt sich auch im Geborenwerden, Leben, Sterben und Wiedergeborenwerden wider, genauso wie im Einatmen und Ausatmen oder im Schlafen, Wachsein und Träumen.

Die Anwendung dieses Gesetzes im Alltag hat mir bereits so oft dabei geholfen, eine geradezu stoische Ruhe in Krisenzeiten zu entwickeln und mich darauf zu besinnen, dass auch das vorübergehen wird und in jedem Ende auch ein Neuanfang wohnt. Kein Moment ist für die Ewigkeit, und wie schlimm auch der Moment selbst sein mag, er wird vorübergehen. Auch wenn einen das nicht vor dem Schmerz oder der Enttäuschung bewahrt, so hat es mir dennoch geholfen, mich nicht von jedem Drama im Außen mitreißen zu lassen, sondern klar auf meinem Weg zu bleiben. Genauso ist dieses Gesetz ein Segen für alle Menschen, die wie ich zu einer enormen Ungeduld neigen, weil es uns lehrt, dass alles seine Zeit hat und dass es manchmal kontraproduktiv sein kann, alles auf einmal machen zu wollen, anstatt den Dingen die Zeit zu geben, die sie brauchen.

Kein Bauer der Welt würde seine Obstbäume im Herbst fällen, nur weil sie ihre Blätter fallen lassen, und glauben, dass sie im Frühling nicht wieder aufblühen werden. Der Bauer weiß, dass der Obstbaum seinen eigenen natürlichen Rhythmus hat und er seine Blätter fallen lässt, um nächstes Jahr wieder Früchte tragen zu können. Er vertraut diesem Rhythmus und wird geduldig bis zum nächsten Sommer warten, um dann die Früchte ernten zu können. Ebenso, wie der Baum und alles andere in diesem Universum, hat auch jeder Mensch seinen ganz eigenen Rhythmus, und diesen Rhythmus zu ehren, wird dazu beitragen, dass man gesund bleibt und immer wieder neue Früchte ernten wird. Der Anstieg der Burnoutfälle zeigt, dass es uns krank macht, pausenlos zu arbeiten, ohne uns einen Moment der Erholung zu gönnen. Ich liebe es zu arbeiten, aber bevor ich mir über das Gesetz des Rhythmus bewusst war, bin ich viel zu oft über meine eigenen Grenzen gegangen und war selbst kurz davor auszubrennen. Gerade als Frauen haben wir durch unseren Zyklus unseren ganz eigenen Rhythmus, und mein Leben ist so viel leichter geworden, seitdem ich mich mehr an diesem Rhythmus ausrichte, als an den Ansprüchen von außen. Ich weiß, wann ich Phasen habe, in denen ich voller Energie bin, ich gute Entscheidungen treffen kann, und wann ich mich besser ausruhe und meinem Körper die Ruhe und Entspannung gebe, die er braucht.

HIGHER-SELF-INSPIRATION
Work hard – rest hard! Je entspannter und erholter du bist, desto erfolgreicher wirst du sein.

Es hat eine ganze Weile gedauert, bis ich erkannt habe, dass es mir überhaupt nicht dient, immer nur nach vorne zu laufen, ohne innezuhalten, aber seitdem ich mir selbst erlaube, meinen ganz eigenen Rhythmus zu leben, bin ich erfolgreicher und gesünder als jemals zuvor. Ich genieße jeden Augenblick bewusst, gönne mir Pausen der Erholung und bin dafür auf der anderen Seite auch voll fokussiert, wenn ich arbeite. Die Angst davor, nicht mehr erfolgreich oder weniger erfolgreich zu sein, wenn man sich Auszeiten nimmt, wird durch das Gesetz des Rhythmus komplett außer Kraft gesetzt. Du wirst feststellen, dass sich eine ganz neue Dynamik und Leichtigkeit in deinem Leben entfalten kann, wenn du den Anspruch, immer arbeiten zu müssen, loslässt und darauf vertraust, dass du genauso wie der Obstbaum im Sommer wieder ganz natürlich Früchte tragen wirst, die sogar wesentlich gesünder, reichhaltiger und schmackhafter sein werden, weil der Baum gesund und erholt ist. Finde deinen ganz eigenen Rhythmus und lebe kompromisslos danach.

6. Gesetz von Ursache und Wirkung

«Jede Ursache hat ihre Wirkung; jede Wirkung hat ihre Ursache; alles geschieht gesetzmäßig, Zufall ist nur der Name für ein unbekanntes Gesetz. Es gibt viele Ebenen der Ursächlichkeit, aber nichts entgeht dem Gesetz.»
KYBALION

Von diesem Gesetz hast du mit Sicherheit schon einmal gehört, etwa unter dem Namen Karma. Es bezieht sich darauf, dass nichts in diesem Universum existiert, ohne dass es dafür eine Ursache gibt, ebenso wie jede Ursache eine Wirkung nach sich zieht. Nichts geschieht zufällig, auch wenn es vielleicht manchmal im ersten Moment so scheint. Das gilt auch für unsere Gedanken, Worte und Taten. Jeder Gedanke setzt eine Kausalkette im Universum in Gang, die sich in einer bestimmten Wirkung oder in einem bestimmten Effekt auswirkt. Aus diesem Grund ist Meditation und Achtsamkeit so wertvoll für den eigenen Schöpfungsprozess. Beides hilft uns dabei, dass wir uns über unsere Gedankenströme bewusst werden und sie nicht einfach blind Tag für Tag wie ein sich ständig wiederholender Film abspielen lassen. Die meisten Menschen sind sich kaum darüber bewusst, was sie eigentlich den ganzen Tag denken oder sagen und erfahren sich deshalb häufig auch als dem Leben gegenüber ausgeliefert oder machtlos. Dabei ist in Wirklichkeit genau das Gegenteil der Fall, und sie erschaffen einfach nur gemäß ihrer unbewussten Gedanken und sind sich nur nicht ihrer Wirkung bewusst. Durch Meditation und eine regelmäßige Achtsamkeitspraxis kannst du lernen, deine Aufmerksamkeit in den gegenwärtigen Moment zu lenken und dir im ersten Schritt überhaupt erst mal bewusst über all die Gedanken zu werden, die du den ganzen Tag lang denkst. Im zweiten Schritt kannst du beginnen, deine Aufmerksamkeit und Gedanken auf das auszurichten, was du als Wirkung in deinem Leben haben möchtest. Beginne damit, deine Aufmerksamkeit immer wieder im Alltag für ein bis zwei Minuten zu deinem Atem zu lenken und nur zu beobachten, wie dein Atem ganz gleichmäßig in deinen Körper hinein- und wieder hinausfließt.

Diese kurze, aber sehr kraftvolle Übung wird dir dabei helfen, deine Aufmerksamkeit zu trainieren und dein Leben mehr und mehr im Hier und Jetzt zu verbringen. Das Hier und Jetzt, dieser

Moment, ist der Boden, auf dem du deine Gedanken säst und worauf alles Weitere wachsen wird. Wenn du diesen Boden pflegst und gute, liebevolle Gedanken säst, wird es auch das sein, was in deinem Leben erblühen wird.

Sei absolut unnachgiebig mit deiner Aufmerksamkeit und betrachte sie als deinen größten Schatz, den du niemals für irgendetwas weniger Wertvolles eintauschen würdest. Unsere gesamte Werbeindustrie will deine Aufmerksamkeit, alle Social-Media-Plattformen sind so konstruiert, dass du möglichst viel Zeit darauf verbringst, und im Durchschnitt verbringen Menschen bis zu zwölf Jahre ihrer Lebenszeit mit Fernsehschauen. Wenn du ein außergewöhnliches Leben erschaffen möchtest, musst du lernen, deine Aufmerksamkeit als deine wertvollste Ressource zu behandeln, die dir einzig und allein dafür dient, dein Leben nach deinen Wünschen zu erschaffen. Nutze deine Aufmerksamkeit, um sie bewusst darauf zu lenken, was du als Wirkung in deinem Leben erschaffen möchtest. Je klarer du dir natürlich dabei über die Wirkung bist, desto leichter wird es dir fallen, entsprechend aktiv zu werden und zu handeln. Um deine Ziele zu erreichen, braucht es deine volle Aufmerksamkeit und aktive Handlungen.

Seitdem ich das Gesetz von Ursache und Wirkung verstanden habe, setze ich mir jeden Morgen ganz bewusst eine Intention für meinen Tag. Eine Intention zu formulieren, bedeutet, die eigene Aufmerksamkeit auf eine bestimmte Erfahrung zu fokussieren, die du gerne erschaffen möchtest, und damit ganz bewusst auf der Ebene der Ursache den Samen dafür zu säen.

Intentionen können je nach Ziel zum Beispiel sein:

Ich erschaffe ein Leben in Fülle.
Ich bin präsent und bewusst in diesem Augenblick.
Ich achte und ehre meine Aufmerksamkeit.
Ich lebe von meinem Herzen aus.
Ich erreiche meine Ziele mit spielerischer Leichtigkeit.
Ich bin eine tolle und liebevolle Freundin.
Ich bringe Gutes in die Welt.
Ich fokussiere mich auf meine Stärken.
Ich erhalte das, wonach ich bereit bin zu fragen.
Ich erlaube mir, meine Schöpferkraft frei zu entfalten.
Ich lasse alle meine Handlungen ein Ausdruck von Liebe sein.

Nutze das Gesetz von Ursache und Wirkung für dich, indem du dir darüber bewusst bist, dass deine Gedanken eine schöpferische Kraft haben und jeweils einen bestimmten Effekt in deinem Leben haben werden. Je klarer du in deiner Absicht bist und deine Aufmerksamkeit auf deine Ziele und Wünsche ausrichtest, desto wirkungsvoller kannst du das Gesetz für dich nutzen.

7. Gesetz des Geschlechts

«Geschlecht ist in allem, alles hat männliche und weibliche Prinzipien, Geschlecht offenbart sich auf allen Ebenen.»

KYBALION

Wahre Schöpferkraft entfaltet sich durch die Vereinigung des männlichen und weiblichen Prinzips. Dabei geht es nicht um das Geschlecht im sexuellen Sinne, sondern um die männliche und weibliche Energie, die in jeder Schöpfung existiert und auch erst durch sie in Gang gebracht werden kann. Alles besitzt sowohl die weibliche als auch die männliche Energie.

Auch als Menschen besitzen wir alle diese beiden Energien in uns. Im Gehirn können wir diese beiden Prinzipien in der rechten Gehirnhälfte (weibliches Prinzip: Intuition, Kreativität und Emotionen) und der linken Gehirnhälfte (männliches Prinzip: Logik, Rationalität) wiederfinden und erkennen, dass der Gedanke (das männliche Prinzip) mit dem Gefühl (das weibliche Prinzip) übereinstimmen muss, bevor ein schöpferischer Prozess in Gang gesetzt werden kann.

Es ist das männliche Prinzip, das seine Energie auf das weibliche Prinzip ausrichtet, und das weibliche Prinzip, das diese Energie aufnimmt und die schöpferische Arbeit vollbringt. Man kann das männliche Prinzip auch als das gebende Element auffassen, das, was etwas nach außen sendet, und das weibliche Prinzip als das empfangende Element. Keines der beiden Energien ist kraftvoller und wichtiger als das andere, sie existieren gleichrangig nebeneinander und erst durch ihre Vereinigung entsteht eine neue Schöpfung.

Jeder Mann hat weibliche Anteile, ebenso wie jede Frau auch männlich Anteile hat. Sich darüber bewusst zu sein, dass diese beiden Anteile in jedem von uns sind, hilft ungemein im eigenen Schöpfungsprozess und bei der Verwirklichung deiner Ziele und Wünsche. Was uns dabei jedoch häufig im Weg steht, ist, dass wir einen der beiden Anteile in uns ablehnen und unterdrücken oder aber den anderen mehr wertschätzen und dadurch ein Ungleichgewicht in uns selbst herstellen. Wenn wir den männlichen Anteil in uns ablehnen, führt das meistens dazu, dass es uns schwerfällt, ins Handeln zu kommen, Pläne zu entwerfen, loszugehen und unsere Ziele wirklich umzusetzen. Wir blockieren durch die Ablehnung des männlichen Prinzips in uns die Fähigkeit, kraftvoll nach vorne zu gehen. Wenn wir auf der anderen Seite unsere weibliche Seite ablehnen, kann das dazu führen, dass wir nur schwer etwas annehmen können (wie z. B. Geld für unsere Arbeit) und uns nicht erlauben, auch innezuhalten, uns auszuruhen und dem Schöpfungsprozess die Zeit zu geben, die er braucht. Erst durch die liebevolle Annahme beider Seiten in uns können wir die eigene Schöpferkraft in ihrer ganzen Stärke aktivieren und mit Leichtigkeit anstatt mit Anstrengung erschaffen.

Es hat für die Freude und Leichtigkeit an meiner Arbeit einen riesigen Unterschied gemacht, als ich begonnen habe, beide Anteile in mir wertzuschätzen. Dadurch konnte ich ganz bewusst wählen, wann ich welche Energie in meinem Leben brauche und sie entsprechend in mir aktivieren. Wenn ich zum Beispiel in Vertragsverhandlungen bin oder ein neues Projekt anstoßen möchte, aktiviere ich meine männliche Energie und nutze diese Kraft in mir, um meinen Standpunkt klar vertreten zu können und strategisch vorzugehen. Wenn ich aber kreativ sein möchte, neue Ideen entwickle oder wie jetzt gerade an meinem Buch schreibe, dann ist meine weibliche, intuitive und kreative Seite viel stärker aktiv als die männliche, genauso wie ich verstanden habe, dass das Ausruhen und Empfangen ebenso wertvoll und wichtig ist, wie das Arbeiten und Geben.

Häufig geht die Überzeugung, welcher Anteil in uns der vermeintlich sicherere für unser Überleben ist, bis in unsere Kindheit zurück, in der wir ihn gelernt haben. Wenn wir zum Beispiel einen gewalttätigen Vater hatten, werden wir wahrscheinlich dazu tendieren, das Weibliche in uns als sicherer zu werten, während wir das männliche Prinzip aktiver leben werden, wenn wir zum Beispiel sehr jung von unserer Mutter verlassen worden sind. Ich habe aus diesem Grund sehr lange extrem im männlichen Prinzip gelebt und meine weibliche Seite fast komplett abgelehnt. Ich hatte dadurch jahrelang kaum Zugang zu meiner Intuition und Kreativität und habe viel zu viel gearbeitet, ohne mir zu erlauben, auch Pausen zu machen. Erst durch die Aufarbeitung meiner Geschichte und durch das Heilen meiner Erfahrungen konnte ich beide Anteile in mir ins Gleichgewicht bringen und erkennen, dass beide sicher für mich sind.

Wahrscheinlich arbeitet es jetzt bereits in dir und du fragst dich, welches der beiden Prinzipien du mehr in deinem Leben lebst oder anerkennst als das andere. Spür hier in den nächsten Tagen einfach mal bewusst rein, ob du eher dem männlichen oder dem weiblichen Anteil in dir Raum gibst, und beginne, auch die andere Seite in dir zu stärken. Du wirst spüren, wie viel leichter dein Leben wird, wenn beide Anteile in dir ihren Raum haben dürfen.

ÜBUNG: **Bringe dich täglich in Einklang mit den universellen Gesetzen**

Die aktive Anwendung der sieben universellen Gesetze kann dein Leben auf so vielen unterschiedlichen Ebenen positiv unterstützen. Du wirst spüren, wie du in den Fluss aus Schöpferkraft eintauchst und sich dir bisher ungeahnte Möglichkeiten eröffnen werden. Je mehr du ins Vertrauen gehst und es dir zur Aufgabe machst, in Freude zu sein, desto deutlicher wirst du feststellen, dass das Leben kein Kampf ist, sondern vielmehr ein Spiel, das von dir genossen werden darf.

Nutze diese kurze Übung, um dich täglich in Einklang mit den universellen Gesetzen zu bringen und deine eigene Schwingung anzuheben. Nimm dir dafür jeden Morgen nach deiner Meditation einen Moment Zeit und wiederhole die folgenden Sätze laut. Spüre dabei die Energie und die Kraft, die sich in dir entfalten kann, wenn du in Einklang mit den universellen Gesetzen lebst:

*Ich manifestiere das in meinem Leben, woran ich
aus tiefstem Herzen glaube.
Meine Gedanken haben eine schöpferische Kraft.
Alles in diesem Universum ist Schwingung.
Wenn ich in Freude bin, schwinge ich auf der Frequenz von
Liebe und ziehe dadurch noch mehr Freude in mein Leben.
Geben und Empfangen ist im selben Maße wichtig.
Ich lebe aus meinem Herzen und verstärke
das Gute in der Welt.
Ich handle in Einklang mit dem männlichen
und weiblichen Prinzip in mir.
Ich fühle mich absolut in Einklang mit den
universellen Gesetzen.
Dieser Moment ist heilig.*

KAPITEL 6

Lass dein Licht scheinen!

Ich hoffe aus tiefstem Herzen, dass dich dieses Buch beflügelt, deinen eigenen authentischen Weg zu gehen und dein Licht mit der Welt zu teilen.

Erinnere dich immer daran, dass du mit einer unendlichen Quelle von Liebe und Kraft verbunden bist, die dich liebevoll begleitet. Lass es in deinem Leben zu deiner absoluten Priorität werden, den Zugang zu dieser Quelle zu ehren und in Verbindung mit dem Universum dein Leben zu einem wahren Meisterwerk werden zu lassen. Verschiebe dein Glück und deine Erfüllung nicht länger auf morgen. Es ist hier, in diesem Augenblick, und wartet darauf, von dir entdeckt zu werden. Wenn du nicht hier bist, bist du nirgendwo. Der Himmel auf Erden ist bereits jetzt hier.

Lebe echt mit allem, was du bist – mit deinem Schmerz, deinen Schatten, deinen Sehnsüchten, deinem Licht, deiner Liebe und all dem, was du dieser Welt zu schenken hast. Du bist vollständig. Es gibt nichts, worauf du warten müsstest, um endlich losgehen zu können. Du trägst alles, was du brauchst, in deinem Herzen. Folge der Stimme in dir, die an dich glaubt und die weiß, dass du hier bist, um einen Unterschied auf dieser Welt zu machen. Lass es deine wichtigste Aufgabe werden, dein Glück zu leben, deine positive Energie zu entfalten und jeden um dich herum mit deinem Licht anzustecken. Jetzt ist der richtige Zeitpunkt, dich dem

Leben zu zeigen und alles loszulassen, was dich noch klein gehalten hat. Erkenne dich selbst und das Geschenk, dass du für uns alle bist.

Du wirst auf deinem Weg niemals allein sein, wenn du immer in Kontakt mit der höchsten Macht dieses Universums bleibst: der Liebe in dir.

Schön, dass es dich gibt!

Deine Laura

As I walk, as I walk
The Universe is walking with me
In beauty it walks before me
In beauty it walks behind me
In beauty it walks below me
In beauty it walks above me
Beauty is on every side
As I walk, I walk with beauty.

TRADITIONAL NAVAJO PRAYER

Danksagung

Dieses Buch zu schreiben, war für mich ein riesiger Herzenswunsch, den ich nicht länger ignorieren konnte, und ich bin so dankbar für all die Menschen, die mich dabei unterstützt haben, die mir die Zeit und den Raum dafür geschenkt haben und die mich bei all meinen Zweifeln immer wieder an das Licht in mir erinnern.

Danke, Paul, für deine Geduld, deine innere Ruhe, deine Liebe, dein Lachen und dass du immer wieder das Beste in mir hervorholst. Ich liebe dich mehr, als ich es mit Worten ausdrücken kann, und bin dankbar für jeden einzelnen Tag mit dir an meiner Seite.

Danke an meine Familie, meine Eltern und meine Geschwister, dass wir diesen unglaublichen Zusammenhalt haben, der mir immer wieder Kraft gibt, und dass wir einander in Liebe wachsen lassen.

Danke an meine wundervolle Freundin Dominique. Danke an mein unglaubliches Team Sarah, Claudi, Alex, Paulina, Farina und Paul. Danke für all eure Liebe, euer Licht und dass ihr mir den Rücken freigehalten habt, damit dieses Buch entstehen konnte.

Danke an das ganze Team von Rowohlt, insbesondere an Ricarda für deinen Rat, deine Begeisterung, deine kontinuierliche Unterstützung und dass du genau wie ich aus tiefstem Herzen an die Botschaft dieses Buches glaubst.

In großer Demut danke ich auch all den großen Vordenkerinnen und Vordenkern und spirituellen Lehrerinnen und Lehrern, die uns seit Tausenden von Jahren an ihrem Wissen teilhaben lassen und von deren Botschaften auch dieses Buch immer wieder inspiriert wurde.

Literatur

Atkinson, William Walker: *Kybalion – Die 7 hermetischen Gesetze: Das Original.* Aurinia 2011.

Dispenza, Dr. Joe: *Du bist das Placebo – Bewusstsein wird Materie.* Koha 2014.

Duprée, Ulrich Emil: *Ho'oponopono und Klopfen. Wunder durch Verbindung und Vergebung.* Schirner 2016.

Govinda, Kalashatra: *Chakra Praxisbuch: Spirituelle Übungen für Gesundheit, Harmonie und innere Kraft.* Goldmann 2006.

HeartMath Institute®: https://www.heartmath.org/research/research-library/relevant/the-resonant-heart/

Hill, Napoleon: *Denke nach und werde reich.* Ariston 2005.

Katie, Byron: *Lieben was ist. Wie vier Fragen Ihr Leben verändern können.* Goldmann 2002.

Kiyosaki, Robert T.: *Rich Dad. Poor Dad. Was die Reichen ihren Kindern über Geld beibringen.* FinanzBuch 2014.

Ortner, Nick: *Tapping. Leben ohne Stress.* Scorpio 2014.

Seiler, Laura Malina: *Mögest du glücklich sein.* Komplett Media 2017.

USA Foundation for Inner Peace: *Ein Kurs in Wundern.* Greuthof 2004.

Virtue, Doreen: *Wie oben, so unten. Die Sieben Gesetze des Lebens.* Koha 2007.

Walsch, Neale Donald: *Gespräche mit Gott, Band 1. Ein ungewöhnlicher Dialog.* Arkana 2006.

Downloadlinks zum Buch

Lade dir die Higher-Self-Inspiration, die Higher-Self-Deklaration-Schablone und eine Higher-Self-Meditation kostenlos auf meiner Website (www.lauraseiler.com/buchressourcen) herunter.

Erwecke und erlebe deine ganze Schöpferkraft im Rise Up & Shine Online Programm

---

Du möchtest noch tiefer gehen und noch mehr über dich und deine Schöpferkraft lernen? Zur Vertiefung deiner Erkenntnisse und deiner persönlichen Weiterentwicklung kannst du ab Januar 2019 am Rise Up & Shine Online Programm teilnehmen.
Das Rise Up & Shine Online Programm ist eine lebensverändernde Erfahrung, die dich in Kontakt mit deiner Schöpferkraft bringt und dir zeigt, wie du ein erfülltes und außergewöhnliches Leben erschaffst. Mit mehr als 7000 Teilnehmern bist du nicht mehr alleine auf deiner Reise, sondern bekommst Zugang zu einer unglaublich inspirierenden Community und Menschen, die ebenso wie du an sich selbst und ihre Träume glauben.

Melde dich jetzt an: www.higherselfon.de